华章经管
HZBOOKS | Economics Finance Business & Management

协同

数字化时代组织效率的本质

陈春花 朱丽 ——— 著

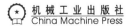

图书在版编目（CIP）数据

协同：数字化时代组织效率的本质 / 陈春花，朱丽著 . —北京：机械工业出版社，2019.9（2023.2 重印）

（陈春花管理经典）

ISBN 978-7-111-63532-1

I. 协⋯ II. ①陈⋯ ②朱⋯ III. 企业管理 – 组织管理学 – 研究 IV. F272.9

中国版本图书馆 CIP 数据核字（2019）第 176472 号

协同：数字化时代组织效率的本质

出版发行：机械工业出版社（北京市西城区百万庄大街 22 号 邮政编码：100037）	
责任编辑：冯小妹	责任校对：殷 虹
印　　刷：北京文昌阁彩色印刷有限责任公司	版　次：2023 年 2 月第 1 版第 4 次印刷
开　　本：154mm×230mm　1/16	印　张：17.25
书　　号：ISBN 978-7-111-63532-1	定　价：79.00 元

客服电话：（010）88361066　88379833　68326294　　投稿热线：（010）88379007
华章网站：www.hzbook.com　　　　　　　　　　　　读者信箱：hzjg@hzbook.com

版权所有 • 侵权必究
封底无防伪标均为盗版

本书法律顾问：北京大成律师事务所　韩光 / 邹晓东

诚挚感谢以下各位管理者写下自己对于"协同"的观点
这不仅是一份真实的感悟
更是一篇关于"协同"的实践笔记
（内容收录于本书别册《管理者的"协同"笔记》中）

刘永好	新希望集团董事长
马　斌	腾讯集团副总裁
吴光权	深圳工业总会会长、执行主席
宋志平	中国建材集团有限公司党委书记、董事长
吴国平	无锡灵山集团董事长
徐少春	金蝶国际软件集团创始人、董事会主席
徐　石	致远互联董事长兼总裁
毛大庆	优客工场创始人、董事长
何　刚	《哈佛商业评论》中文版主编、《财经》杂志主编
陈　劲	教育部长江学者特聘教授、清华大学经济管理学院教授、《清华管理评论》执行主编
忻　榕	中欧国际工商学院管理学教授、副教务长
何振红	《中国企业家》杂志社社长、木兰汇理事长
杨　光	《中外管理》杂志社社长兼总编
方　军	互联网从业者、《平台时代》《区块链超入门》作者
何正宇	威创集团股份有限公司董事长
孙　洁	携程CEO
张　云	里斯战略定位咨询全球合伙人
刘文静	蓝帆医疗董事长
陈先保	洽洽食品股份有限公司董事长
杨天举	泛华集团董事长
龚　宇	爱奇艺创始人、CEO
余建军	喜马拉雅FM联合创始人兼联席CEO
杨文龙	仁和集团董事长
屠红燕	万事利集团董事长
温永平	蒙牛乳业集团副总裁

曹　虎	科特勒咨询集团（KMG）全球合伙人、中国区总裁
徐沪初	普华永道思略特中国合伙人
康与宙	山东大汉建设机械股份有限公司董事长
刘雪慰	《商业评论》副主编
刘周学	青岛建设集团有限公司党委书记
林　少	十点读书创始人
洪　杰	三棵树涂料股份有限公司董事长
南立新	创业邦创始人兼CEO
赵迎光	韩都衣舍电商集团创始人、董事长
海尔模式研究院	
钱肖华	中国绍兴黄酒集团有限公司董事长
刘春雷	华商基业董事长
张振刚	英国赫尔大学全日制工商管理硕士，华南理工大学学士、硕士、博士、教授，《格力模式》作者
牟　震	联想图像董事CEO
陈雪频	智慧云创始合伙人、小村资本合伙人
秦　朔	人文财经观察家、秦朔朋友圈发起人、中国商业文明研究中心联席主任
樊　登	樊登读书会创办人
陈新焱	微信公众号【书单】（ID：bookselection）创始人
孙思远	远读重洋创始人
王焕友	钢棒棒电子商务有限公司董事长
杜积西	新鸥鹏教育集团董事长
唐兴通	创新增长顾问、畅销书《引爆社群》作者
彭春雨	《销售与市场》杂志主编
蓝　宁	浙江鑫宙竹基复合材料科技有限公司董事长
翟岗巍	海盟控股集团董事长兼总裁
张伟钢	KornFerry咨询中国区总裁
张继学	新潮传媒董事长
马　刚	盈峰环境科技集团股份有限公司董事长兼总裁

| 引　言 | 为什么是协同管理

我们正经历前所未有的发展和变化，这些变化从各个方面都能体现出来。迅速扩张的新领域、未来已来的迭代、人工智能的渗透、层出不穷的新商业模式、融入生活的数字技术、超出想象的变革步伐……

这一系列的变化，同样要求组织管理做出相应的改变，而且改变需要遵从一个全新的、结果导向的模式。

组织管理的实践活动中，如何提升组织效率是最为核心的命题。管理需要解决的根本问题是如何提升效率。这是德鲁克（Peter F. Drucker）和我们的共识，而百年管理理论也是围绕着这个问题展开的。

那么，在互联网与数字技术的背景下，效率如何获取？管理的逻辑如何？这是我们当今管理必须要回答的时代问题。管理研究最终是要贡献于实践的，要推动研究对于实践的贡献，需要我们深刻把握管理经典理论发展历程中，管理大师对于人类管理活动的描述、抽象和总结，以及他们对于管理活动内涵的深度分析和论证。㊀从管

㊀ 谭力文. 中国管理学构建问题的再思考［J］. 管理学报，2011，8（11）：1596-1603.

理演变的历史来看，第一个阶段是科学管理阶段，代表人物是泰勒（Frederick Winslow Taylor），这个阶段所解决的问题是如何使劳动效率最大化；第二个阶段是行政组织管理阶段，代表人物是马克斯·韦伯（Max Weber）和亨利·法约尔（Henri Fayol），这个阶段解决的问题是如何使组织效率最大化；第三个阶段是人力资源管理阶段，包括人际关系理论和人力资源理论，这个阶段解决的问题是如何使人的效率最大化。

深入理解泰勒、法约尔和韦伯、福列特（Mary Parker Follett）的经典研究成果，形成了我们对管理研究的全新认知："管理经典来源于对重大实践问题的认识。泰勒关注到了"如何将工人效率提高"这个第一次工业革命时代的重大现实问题，奠定了以"分工"为核心的科学管理理论。韦伯和法约尔为了提升组织效率，进而提出了五个要素和14条原则的一般管理，以及科层制结构。福列特则以其敏锐的洞察捕捉到了被科学管理忽略的与人相关的因素，并在如何提升人的效率上给了我们诸多启示，为人的效率的释放提供了理论指引。当我们沿着百年管理理论经典的脉络回顾后，就会发现管理大师们其实是在不同的时代情境下，回答同一个管理本质问题：效率从何而来。⊖

管理大师为解决劳动效率、组织效率、人的效率等问题提出了"分工""分权""分利"理论，并在理论基础上建立了"责、权、利"对等

⊖ 陈春花，陈鸿志. 德鲁克管理经典著作的价值贡献［J］. 管理学报，2013，10（12）：1860-1867.

模式。这些经典理论与模式在过去百年中指导无数企业改善管理、提升效率。

我们深受德鲁克的影响，也和德鲁克一样深信："任何一种知识，只有当它能够应用于实践，并改变人们的生活时，才会有价值。"[1]德鲁克不断强调管理学的灵魂是实践，管理学研究的理论有效性，是由现实世界与原始观念（指理论）二者间的吻合程度来检验的。

在持续研究组织效率的过程中，我们明白，影响组织环境的变量是极为多样的，因此我们需要把研究放在企业真实场景中，也就是如查尔斯·汉迪（Charles Handy）所说的那样："对于组织现象的阐释，应该像历史学家那样使用回归当时具体环境的方法。"[2]把今天的环境背景嵌入研究中，这个方式给予我们巨大的帮助，让我们发现了今天组织管理与以往的不同：

（1）强个体出现，组织与个体之间关系改变。

（2）强链接关系，影响组织绩效的因素由内部转向外部。

（3）技术创新与技术创新普及的速度加快，驾驭不确定性成为组织管理的核心。

（4）组织不再具有"稳态"结构。

（5）"共生"成为未来企业组织发展的进化路径。

---

[1] 赵良勇，齐善鸿. 直面实践的管理研究与德鲁克之路［J］. 管理学报，2016，13（11）：1606-1613.

[2] 查尔斯·汉迪. 组织的概念［M］. 方海萍，等译. 北京：中国人民大学出版社，2006.

上述五点组织管理特征引发我们围绕着组织管理的变化展开研究。**在共生时代，组织获得系统整体效率成为关键，我们的结论是：协同管理，可以让系统整体效率最大化。**

汉迪说："组织理论寻求用一套连贯的理念框架来替代汇集在一起的假设。正确使用和了解这些概念应该能够有助于解释过去，从而有助于了解现在，进而有助于预见未来。"[一]我们沿用组织理论研究的框架（这本书包括若干概念框架），用以解释今天新环境下，组织所遭遇到的各种现象，并寻求这些概念之间的关联。正确理解这些相关概念，以及彼此的关联，可以帮助我们在组织遭遇巨大环境挑战时，不至于焦虑与迷失，甚至可以帮助我们从中找到自己的解决方案，以使组织管理者具有应对不确定性的能力。

这本书的主题是探究组织效率的新来源。我们的目的是系统地回答如下这个核心问题：**"在互联网技术与数字化生存背景下，组织的效率从何而来？"** 我们期待梳理清楚组织效率发展的脉络：在每一个阶段其内在的核心关键是什么？新的效率因何而产生？新效率如何构成？要素之间的界定以及认知如何？管理者如何改变自己的行为？

我们在这本书中尽可能去接近企业的真实组织管理情境，为了让大家能够更好地理解相应的变化，我们需要筛选最核心的概念，并

[一] 查尔斯·汉迪. 组织的概念 [M]. 方海萍，等译. 北京：中国人民大学出版社，2006.

界定清楚彼此的影响，或者说相互作用。我们需要知道哪些影响要素是可以改变的，哪些行为是需要培育和发展的，以及我们如何真正获得最终的系统整体效率。

本书的第一部分包括一些基本观点和判断，可以帮助我们更好地认识组织管理面对的新挑战，以及相应的概念和必须做出的判断。我们提出了四个基本观点和四个基本判断。它们很多是关于新环境下组织必须要面对的基本情形以及管理者的基本认知。也许你会有不同的认知和判断，但是我们希望这些观点和判断可以引发大家的思考，并提供一个新的视角。因为在我们看来，认识世界本身就是多个视角不断进化的过程。

本书第二部分根据第一部分介绍的基本观点和基本判断，把着眼点放在构成系统整体效率的一些关键要素以及组织在新环境下所必须面对的问题上。关注系统整体效率首先是因为今天的企业是在更多的外部资源高效链接与协同中生存的，因此，我们关注的第一个关键要素是**企业边界**。而在持续动态的环境下，无论是企业自身，还是企业外部成员之间，都需要有在动态中构建有效协作关系的能力，否则无法获得整体效率，因此，我们关注的第二个关键要素是**契约与信任**。在重构边界与建立基于契约信任的基础上，我们可以分别讨论第三个、第四个关键要素，**组织内协同与组织外协同**。这些关键要素的获得，主要是从领先企业实践中归纳而出，每一个鲜活的企业实践都给予了我们巨大的帮助。

本书的第三部分在前两部分的基础上，聚焦于实践运用。我们一直致力于理论与实践合一，所以当从优秀企业实践中总结出一些规律性的认识后，我们也力图让这些认识回归到实践中发挥作用。这部分我们围绕着三个话题展开：**一是如何塑造协同价值取向，二是关注管理层的反应以及对员工的影响，三是培养卓有成效的协同管理行为。**

有关本书讨论问题的回答，对我们来说是个很大的挑战，一方面是因为这些问题都是今天所处时代的管理新问题，另一方面是因为把实践上升为规律性认识本身就是一个巨大的挑战。但是我们决定接受这个挑战，以获得一个组织理论与研究创新发展的起点。

我们希望借助于这本书，可以解释和描述今天优秀企业的组织管理实践，让大家可以理解这些实践中可借鉴的部分是什么；我们希望借助于这本书，综合现有的研究成果，可以帮助企业管理者理解当前组织效率的改变，并应用在自己的企业实践中；当然，我们也希望借助于这本书，可以拓展一个新的研究领域，让更多的学者关注到共生时代背景下，系统整合效率的价值贡献，并有更多有意义的研究延伸出来。

| 目 录 |

引言 为什么是协同管理

| 第一部分 |

协同管理的基础

第一章 **观点与判断** / 2
  颠覆已然到来 / 4
  组织管理的新挑战 / 6
  基本观点 / 11
  基本原理 / 19
  观察到的现实 / 29

第二章 **效率及其认知** / 34
  分工与劳动效率最大化 / 39
  分权与组织效率最大化 / 42
  分利与人的效率最大化 / 46
  协同与系统效率最大化 / 48

| 第二部分 |

协同管理的关键构成要素

第三章 **企业边界** / 56
  企业边界的本质 / 58

　　　　生产边界与组织边界延展 / 62
　　　　边界融合与边界模糊 / 69
　　　　跨界重构 / 77

第四章　**基于契约的信任** / 85
　　　　契约及其构成 / 89
　　　　组织内外的信任 / 94
　　　　基于契约信任的基本原则 / 105

第五章　**组织内协同** / 113
　　　　组织结构重组 / 116
　　　　责任与角色认知 / 123
　　　　个体适应性行为 / 127
　　　　新价值体系 / 134

第六章　**组织外协同** / 139
　　　　价值扩展 / 141
　　　　互为主体的共生模式 / 146
　　　　组织集群 / 154
　　　　强链接 / 158

| 第三部分 |

协同管理的生成

第七章　**协同价值取向及其塑造** / 166
　　　　一项关于协同管理价值取向的研究 / 169
　　　　协同价值取向构建基础 / 173
　　　　协同价值取向内涵 / 181
　　　　价值取向力量 / 188

第八章　管理层的反应及其对员工的影响 / 191
　　管理层的主要假设 / 194
　　管理层价值观及其对组织成员的影响 / 203
　　有效的沟通及其对组织成员的影响 / 211
　　局部利益与整体利益及其对员工的影响 / 218

第九章　培养卓有成效的协同管理行为 / 224
　　卓有成效的协同管理者及其特征 / 227
　　卓有成效的协同管理行为培养 / 238

结语　协同带来无限可能 / 247

致谢 / 254

参考文献 / 256

第一部分

协同管理的基础

> 动荡时代最大的危险不是动荡本身，而是仍然用过去的逻辑做事。
>
> ——彼得·德鲁克

| 第一章 |

观点与判断

▼

  对于所有行业和企业而言,问题不再是"我们是否被他人颠覆",而是"颠覆会何时到来,会以什么形式出现,对我们和我们所在的组织会产生怎样的影响"。颠覆实实在在地发生,我们也无法逃避其影响……

——克劳斯·施瓦布(Klaus Schwab)

世界经济论坛创始人克劳斯·施瓦布在其著作《第四次工业革命》①（*The Fourth Industrial Revolution*）中指出，"这次革命刚刚开始，正在彻底颠覆我们的生活、工作和互相关联的方式。无论是规模、广度还是复杂程度，第四次工业革命都与人类过去经历的变革截然不同……各行各业都在发生重大转变，主要表现为：新的商业模式出现，现有商业模式被颠覆，生产、消费、运输与交付体系被重塑。无论从规模、速度还是广度来看，本次技术革命带来的变化都具有历史性意义……范围之广、程度之深不逊于前三次工业革命。它将数字技术、物理技术、生物技术有机融合在一起，迸发出强大的力量，影响着我们的经济和社会。"

回顾改革开放40多年取得的巨大成就，中国已然成为举世瞩目的商业大国，对于全球经济的影响日益凸显。过去40多年我们

---

① 克劳斯·施瓦布. 第四次工业革命：转型的力量 [M]. 北京：中信出版社，2016.

探寻的是高速增长的模式，接下来我们要做的就是沿着"中国企业价值进化"的路线，实现更加高效的价值创造，这也是我们组织理论研究一直遵循的主线。全球经济进入大发展和大变革的调整期，世界经济从要素和资源驱动逐步向创新驱动转变，经济发展正面临重大调整期，变革窗口已经开启。国家、企业和个人，都将面临千载难逢的重大机遇期。在过去的一年中，中美关系冲突、互联网技术的挑战、数字化带来的价值重构、全球市场的变局等一系列震动，构筑了一个复杂性与多变性共存的外部环境。

最近广受热议的是中美贸易争端，以及未来可能的世界经济格局。关于这个问题，日本的NHK纪录片有个观点引起我们注意。NHK纪录片在讨论未来技术竞争中，中美技术差异以及日本如何选边时，指出未来可能不用"全球化"这个词，会有两极或多极并存，一极是美国及其盟国，另外一极是中国和企业家群。这个观点虽然我们还不能够完全认同，但是很值得我们去思考未来全球格局的改变。创新驱动发展，创新是未来企业甚至国家获得优势的核心来源。第四次工业革命已然来临，国家的命运取决于能否在改革的浪潮中取得领导地位。中美德三足鼎立的局势下，中国凭借一系列开放创新，有望在此次经济活动和技术创新浪潮中，成为新时代的"弄潮儿"。

颠覆已然到来

在我们陪伴中国企业成长和管理研究的近30年历程中，从没有像现在这样感受到变化之迅疾。"颠覆性创新"几乎每一天都在发生,在这一系列的颠覆与被颠覆中,新的可能不断涌现,企业越来越觉得无法获得"稳态"。克劳斯·施瓦布认为,"对于所有行业和企业而言,问题不再是'我们是否被他人颠覆',而是'颠覆会何时到来,会以什么形式出现,对我们和我们所在的组织会产生怎样的影响'。颠覆实实在在地发生,我们也无法逃避其影响……"⊖商业的颠覆是不会以任何人的意志为转移的,不管我们有没有准备好。

随着互联网技术的出现,我们进入一个不确定性更高的全新数字化时代,管理和组织遇到的挑战都非常大。这个新时代由于技术的存在,很多不可能的想象变成了现实,这一点让我们既焦虑又兴奋。除此之外,新时代的特点是,个体自我独立,同时又万物互联,因此我们比以往更加需要协同和共生。正如我们在 2018 年发布的新书《顺德 40 年:一个中国改革开放的县域经济样板》⊜中提到的,没有什么是可以借鉴的,我们只有不断地去实践,不断地去寻找答案。企业发展需要更加互动的关联以及更加开放的格局,商业的底层逻辑已经发生了根本性变化,企业需要转换到类似"生态系统"的逻辑。沿着旧地图,一定找不到新大陆,新旧逻辑的转换对所有企业提出了挑战。

"如何避免组织被颠覆"将成为企业管理者在巨变时代的主要挑战。互联网技术以及数字化生存带来了非常多的商业模式创新,也由此诞生了很多新型的企业成长模式,从而导致传统企业同样加快

⊖ 克劳斯·施瓦布. 第四次工业革命:转型的力量 [M]. 北京:中信出版社,2016.

⊜ 陈春花,马志良,罗雪挥. 顺德 40 年:一个中国改革开放的县域经济样板 [M]. 北京:机械工业出版社,2019.

了自己的互联网化或者数字化。但是，令很多企业困惑的是，它们努力地去理解"互联网+"和数字化对于企业或者行业未来可能带来的变化，甚至主动进行技术储备并寻求互联网转型，可是问题并未因此而解决，反而愈发焦虑。导致这样现实困境的原因是，大部分企业并不了解互联网对于企业颠覆的本质影响，以及如何才能更加高效地创造价值。正如陈春花和廖建文所研究的那样，企业被颠覆背后的根本原因是，价值创造和价值获取方式已经发生了根本性变化，商业的核心范式已经发生了根本性的改变。⊖正如德鲁克先生所言，"动荡时代最大的危险不是动荡本身，而是仍然用过去的逻辑做事。"正是因为战略底层逻辑的改变，作为支撑战略的组织系统，必须能够确保战略得以高效率地实施。**正如华为创始人任正非所言，在今天来讲，方向大致正确，关键在于执行和效率**。所以，互联网技术背景下，因应动态的战略，也必然需要转变组织管理的逻辑，而这也是本书要解决的最核心问题。

组织管理的新挑战

百年管理理论一直在试图回答"组织效率从哪里来"这个问题。无论以往的理论被证明如何有效，内外环境的变化总会对其提出新的挑战。管理的目的之一是提升效率，这是德鲁克和我们的共识。也就是说，管理从根本意义上是解决效率的问题。那么，组织的效率从哪里来？管理的逻辑如何？这是我们今天遇到的问题。从管理演变的历史来看，管理演变的第一个阶段是科学管理阶段，代

⊖ 陈春花，廖建文. 打造数字战略的认知框架[J]. 哈佛商业评论，2018（7）：119-123.

表人物是泰勒，这个阶段所解决的问题就是如何使劳动效率最大化；管理演变的第二个阶段是行政组织管理阶段，代表人物是韦伯和法约尔，这个阶段解决的问题是如何使组织效率最大化；管理演变的第三个阶段是人力资源管理阶段，包括人际关系理论和人力资源理论，这个阶段解决的问题是如何使人的效率最大化。

在《科学管理原理》㊀（The Principles of Scientific Management）中，泰勒（Frederick Winslow Taylor）提出的科学管理原理所解决的中心问题就是如何提升劳动效率。泰勒认为就个体而言，只有个人劳动效率最高（日产量最大），才可以实现其财富最大化。㊁法约尔在1916年发表的《工业管理与一般管理》㊂（Administration Industrielle Et Générale）中所提出的著名的"管理要素"和14条管理原则，标志着一般管理理论的诞生。他告诉我们：组织效率最大化的手段是专业化水平与等级制度的结合。而对于专业化能力和等级制度这两个关键问题的理解，构成了组织管理的基础，也就是影响组织效率的两个关键要素。被德鲁克誉为"管理学先知"的玛丽·福列特提出了"以人为本""人存在于组织环境中，而不是社会中""人际关系中的关键活动是激励人"等重要的人本观点。她解决了我们管理中的另一个问题，就是人的效率从哪里来。个体需要在团队中进行协作并整合冲突，从而发挥更大的价值。管理必须平衡员工需求与组织发展的目标，以及短期目标和长期目标之间的

㊀ 弗雷德里克·泰勒. 科学管理原理 [M]. 马风才，译. 北京：机械工业出版社，2007.

㊁ 陈春花. 泰勒与劳动生产效率：写在《科学管理原理》百年诞辰 [J]. 管理世界，2011（7）：164-168.

㊂ 亨利·法约尔. 工业管理与一般管理 [M]. 迟力耕，张璇，译. 北京：机械工业出版社，2007.

冲突，只有两者都能够得到关注并实现，管理才能够有效。[一]这就告诉我们效率来自于人的激活，效率来源于分利。综上，迄今为止组织管理理论回答了三个效率来源的问题，劳动效率、组织效率、人的效率，分别诞生了三个经典组织管理理论，科学管理原理、行政组织理论和人力资源管理。[二]用"分"所获得的相对稳定的责任体系，进而又推进了绩效的获得，所以"分"成为主要的组织管理方法。

"选择泰勒、法约尔、福列特的经典研究成果，是因为我们对于管理理论研究的一个认识：管理理论研究的命题来源于对重大实践问题的认识。"[三]泰勒正是认识到提高工人劳动生产率是极其重大的问题，才有了以分工理论为核心的科学管理理论。法约尔正是关注到组织效率的问题，才有了一般管理的五个要素和14条原则。福列特则是前瞻性地关注到了科学管理中被忽视的人性因素的相关问题，通过在企业管理咨询的实践中对现实进行细致的观察和研究，从而在发挥个人效率的问题上为我们提供了启示。[四]

通过以上管理经典理论的回顾，能为我们展开自己的研究提供指引，因此我们的研究是沿着"组织管理的效率从哪里来"这个脉络而展开的。我们发现随着万物互联的新时代到来，影响组织管理的因素变了，无论是分工、分权还是分利的组织逻辑，都无法回答组织今天所遇到的挑战。当我们仔细去研究的时候，我们发现，互

[一] 玛丽·福列特. 福列特论管理 [M]. 吴晓波，郭京京，詹也，译. 北京：机械工业出版社，2007.

[二] 陈春花，朱丽，徐石，刘古权. "协同管理"价值取向基础研究：基于协同管理软件企业单案例研究 [J]. 管理世界（增刊），2017：13-21.

[三] 陈春花. 激活个体 [M]. 北京：机械工业出版社，2016.

[四] 陈春花，乐国林，曹洲涛. 中国领先企业管理思想研究 [M]. 北京：机械工业出版社，2014.

联网时代给组织管理带来改变的三个核心特征是：

第一，强个体的价值崛起。

纳塔利·罗贝梅德（Natalie Robehmed）在一篇题为"为何大学毕业生成批涌向初创公司"的文章中描述道："如果问一批近年来毕业的大学生他们目前在哪里工作的话，有相当一部分人会回答说'在一家初创公司工作'。'初创公司'曾经是一个指代小企业的行业术语，但现在却让人联想到一种令人兴奋的具有企业家精神的生活方式——越来越多受过高等教育的年轻人选择这种生活方式。"㊀面对传统雇用社会的消失和个体价值的崛起，谷歌的组织原则和管理模式，对组织未来的价值与意义提供了一些注解。"谷歌董事局执行主席施密特（Schmidt）和主管产品的前高级副主席罗森伯格（Rosenberg）在他们的新书 How Google Works㊁中指出，未来组织的关键职能，就是让一群 Smart Creatives 聚在一起，快速地感知客户需求，愉快地、充满创造力地开发产品、提供服务。什么样的人是 Smart Creatives？简而言之，Smart Creatives 不需要管理者进行管理，只需要组织营造氛围。"㊂互联网出现导致个体能力的改变，对于组织属性的理解也需要在一个全新的视角下进行。㊃为此陈春花在《激活个体》㊄一书中做了更为详尽的介绍，探讨个体

㊀ Robehmed N. 为何大学毕业生成批涌向初创公司［EB/OL］.［2013-8-15］. 福布斯中文网. http://www.forbeschina.com/review/201308/0027707.shtml.
㊁ Schmidt E, Rosenberg J. How Google Works［M］. New York: Grand Central Publishing, 2014.
㊂ 陈春花. 组织变革与组织赋能［EB/OL］.［2016-6-2］. 中国人力资源网. http://www.sohu.com/a/79526018_301243.
㊃ 陈春花. 共享时代的到来需要管理新范式［J］. 管理学报, 2016（2）：157-164.
㊄ 陈春花. 激活个体［M］. 北京：机械工业出版社, 2016.

价值崛起时代，组织管理的新范式。

第二，影响组织绩效的因素由内部转向外部。

德鲁克曾经说过："一个组织如果一贯把重点放在机会，而不是问题上面，那么它的绩效精神通常就会高涨。如果它把精力放在能出成果的地方，也就是放在机会上面，那么组织中就会充满兴奋感、挑战感和对成就的满足感。"㊀今天，我们不得不面对的是，"全球化竞争的加剧、跨界带来的行业边界模糊等一系列挑战，使得组织寻找'兴奋感和冲动感'成为一件更加艰难的事情。在这种艰难的背后，存在一个本质性的问题：组织的绩效不再由组织内部的因素决定，而是由围绕在组织外部的因素决定，比如环境的不确定性，比如合作伙伴，比如跨界的对手，比如全新的技术等。这些外部因素对于组织的影响已经远远大于组织内部的因素。今天让很多管理者无所适从的是，即使组织内部已经做得非常好，甚至远远领先于同业，但是依然无法逃离被淘汰的可能性。人们开始发现，'组织'这个词已经随着时代的变化发生了比以往任何时候都更加深远的变化。"㊁这就是今天对于组织而言，一个必须面对的事实，离开协作，任何一个组织都无法独立生存。

第三，驾驭不确定性成为组织的核心挑战。

今天管理者的核心工作，是确保组织跟得上环境的变化，**让组织具有驾驭不确定性的能力，要做到这一点，其核心是要关注组织**

㊀ 彼得·德鲁克. 管理：使命、责任、实务［M］. 王永贵, 译. 北京：机械工业出版社, 2009.
㊁ 陈春花, 赵海然. 共生：未来企业组织进化的路径［M］. 北京：中信出版社, 2018.

成员的成长，并且确保成员能够持续地进行价值创造。这需要企业的领导者具有创业精神和超越自身经验的能力，特别是那些曾经被证明成功的企业及企业领导者。真正做到这点很不容易，因为前途未卜的风险往往会令人畏惧和退缩，因为可能的失败会让人变得犹豫不决。然而，不能面对不确定性，不能与不确定性共处，不求新、不求变，风险同样是巨大的，甚至曾经辉煌的公司纷纷被淘汰出局，比如柯达、诺基亚等。⊖

以华为、阿里巴巴、腾讯等为代表的新锐企业取得了爆发式增长，甚至以GE、海尔为代表的传统制造企业也掀起了一股互联网转型浪潮，都是源于这些企业能够因应技术与环境的变化做出有效的战略选择并高效地执行战略。它们共同的特征是，能够驾驭不确定性，并把不确定性变成企业发展的机会。

正是组织管理所面对的新挑战，让我们开始去关注"组织效率新来源"这个主题，围绕着这个主题，去寻找在互联网时代和数字化生存背景下，支撑企业发展的内在组织逻辑，在数字化时代倒逼管理范式转换的契机来临之时，我们给出自己的观点和基本假设。

基本观点

在美国著名科学家、哲学家托马斯·库恩（Thomas Kuhn）看来，"科学革命"的实质就是"范式的转换"（paradigm shift）。⊜西方认识客观世界的主流哲学观认为，万物均可通过分割成部分的途

⊖ 陈春花. 激活组织 [M]. 北京：机械工业出版社，2017.
⊜ 库恩. 科学革命的结构 [M]. 北京：北京大学出版社，2012.

径了解其本质,其巅峰代表是牛顿的经典力学,这也同样贯穿在主流管理学研究领域,使得其遵循了"分割"的"还原论"范式。在面对结构性变化频发的巨变时代,传统管理学遭遇了"分割"的"还原论"范式面对实践无力解答的挑战,"合"的整体论视角下的管理实践绩效更明显地呈现出来。2010年全球市值前10大公司分别是中国石油、埃克森美孚、微软、工商银行、沃尔玛、建设银行、必和必拓、汇丰银行、巴西国家石油、苹果;到了2019年,全球市值前10大公司分别是微软、苹果、亚马逊、谷歌、脸书、伯克希尔-哈撒韦、阿里巴巴、腾讯、强生、JP摩根。㊀这两份表单的差异让我们感受到,在今天全球领先的企业中,技术驱动的平台型企业和价值网络构建者企业,更加显现出领先的优势。真实的管理实践绩效,以及传统管理理论的现状,让我们不得不接受,一般意义上范式之间所带来的对于本质理解的矛盾是不可调和的,㊁即在范式之争矛盾凸显时,遵循哪一种范式完全取决于自身的权衡以及价值选择。

也正因如此,我们深知,思考未来的服务于实践之路的管理研究将何去何从,才是我们管理学范式之争和范式转换研究的真正意义所在。而今天,我们总是被实业界问到"如何在巨变的时代成为一家好企业"这个问题。这个问题之所以不断被提及,是因为人们所熟知的行业或是企业发生了巨大的变化,它们之中有的正在消失,有的在挣扎,也有企业更加蓬勃发展,而一些新兴的企业迅速

㊀ 1990~2019全球前十大市值公司变迁[EB/OL].[2019-04-29].腾讯新闻网.https://xw.qq.com/cmsid/ 20190429A0JT6R00.

㊁ 迈克尔·杰克逊.系统思考:适于管理者的创造性整体论[M].北京:中国人民大学出版社,2005.

崛起。在商业由"工业时代的发展"转向"数字化时代的发展"的变革下,我们真切地感受到,无论一家企业在行业存在的历史有多久,无论现有多少客户,无论销售和利润有多高,都有可能被瞬间颠覆。同时,我们也看到一些企业,可以将一系列的危机和挑战转化为企业发展的生机,不仅仅创造出新的价值,更是带领着行业走向更大的生长空间;我们也看到另外一些新锐企业,以很短的时间崛起,并更新着客户的新价值空间。这些企业发展之间的差异,让我们注意到一个事实,那就是能够让企业发展好的关键在于:需要实现组织管理新旧逻辑之间的转换,其具体内涵概括为四大基本观点。

基本观点之一:企业必须是个整体。

企业是个整体,综合才是管理的真正精髓,这是一个最真实的事实,我们需要回归到这个真实之中。持续的研究和实践使我们深深地认识到,对企业现象的阐述应该回归到其所处的最真实的具体环境中去,这样我们的研究才可以找到真实的价值贡献。卡普拉指出,"我们对我们时代的主要问题研究得越多,就越认识到这些问题不可以分立地去理解。它们是系统的问题,这就是说它们相互联系,并且相互依存。"㊀ 因此,我们认为,"管理需要回归到'整体论'上,按照'企业是一个整体'的视角去理解企业的经营与管理,尽可能地让我们贴近企业的真实情形。"㊁

㊀ Capra. The Web of Life: A New Synthesis of Mind and Matter [M]. London: Harper Collins, 1996.
㊁ 陈春花. 百年管理已从分工走向协同,必须了解的七大原理 [EB/OL]. [2018-05-28]. 搜狐网. http://www.sohu.com/a/233220466_169235.

管理就是面对事实解决问题，而问题的高效解决需要系统的思维，即整体论的方法论指引。为了便于大家理解"管理整体论"，我们通过原理的形式提出一些主要结论，这些结论也需要被看作是一个整体。希望通过我们做出的判断，读者能够建立一个"整体观"，管理者能够真实而准确地反映现实情况。其实，获得绩效的核心关键是，把企业看成一个"整体"，而非分割状态。以德鲁克为代表的经验管理学的真谛在于，面对复杂的社会现实解决问题，其用到的范式就是"整体论"。"以原理的方式阐述'企业是一个整体'的观点，就是希望按照一个真实的逻辑来综合企业管理本质的思考和结论，使之成为一个整体，从而对组织管理如何应对外部环境变化有所认识，同时对管理实践给予相应的回应和帮助。"⊖

陈春花在 2018 年第 5 期《哈佛商业评论》中对"企业是个整体：管理整体论 7 大原理"⊜进行了详细论述，现将"企业是个整体"的 7 大原理与大家分享。

原理 1：经营者的信仰就是创造顾客价值。

原理 2：顾客在哪里，组织的边界就在哪里。

原理 3：成本是整体价值的一部分，在本质上是一种价值牺牲。

原理 4：人与组织融为一体，管理的核心价值是激活人。

原理 5：影响组织绩效的因素由内部转向外部，驾驭不确定性成为组织管理的核心。

⊖ 陈春花. 百年管理已从分工走向协同，必须了解的七大原理 [EB/OL]. [2018-05-28]. 搜狐网. http://www.sohu.com/a/233220466_169235.
⊜ 陈春花. 企业是个整体：管理整体论 7 大原理 [J]. 哈佛商业评论，2008 (5)：127-132.

原理 6：从个体价值到集合智慧，管理者要将业务与人类的基本理想相联系。

原理 7：效率来自协同而非分工，组织管理从"分"转向"合"。

基本观点之二：效率来源于协同而非分工。

互联技术的出现，以及更加巨大的变革与冲突，导致不确定性增加，人们越来越觉得无法获得"稳态"。"颠覆性创新"几乎每一天都在发生，在这一系列的颠覆与被颠覆中，新的可能不断呈现，企业已经不能够仅从行业或者企业自身的视角来理解环境，而需要理解创造本身的特性去引导自己的战略。我们必须接受的事实是，一切都在重构之中，认知重构、价值重构、思维重构。这些重构无疑需要一个更加广泛的视野、更加互动的关联以及更加开放的格局，这更类似于一个"生态系统"的逻辑，复杂、多元、自组织以及演进与共生。所以，我们会看到一个与之前完全不一样的情形出现，那就是**管理的效率不仅仅来自于分工，更来自于协同，因而要求组织具备一些新能力："强链接"能力、构建柔性价值网以及形成共生逻辑。**⊖

今天，在互联网技术的影响下，组织绩效不仅仅需要在内部获得更加高效的整体效率，还需关注组织之外。协作成本的急剧下降，导致企业边界不断被突破，协作方式的创新，导致行业不断被颠覆。企业商业模式、组织模式、企业间协作模式，都开始呈现网状协同运作的态势。组织从线性、确定的世界，向非线性、不确定的世界转变，柔性化和万物互联成为商业时代最突出的特征。

⊖ 陈春花. 激活组织 [M]. 北京：机械工业出版社，2017.

组织间的管理将越来越来自于价值网络的共识，而云计算和大数据的出现，使得实现共识的途径便捷而高效。正如陈春花在《激活组织》一书中得到的结论那样：企业需要获取整体的力量，需要能够集合更多人的智慧，有人称其为"受启发的个人结成的网络"。"处在这样一个时代，组织必须能够整合这一切，而这无疑需要开放、整合创新的管理范式。这一范式使企业更加柔性，并可与环境做出协同；使企业能够组合到新的成本结构，进行不同的价值创造并拥有足够的灵活性。有人问，什么样的企业在今天以及今后可以存续下去？我想就是上述这样的企业，即把合作能力整合到管理之中的企业。"⊖

基本观点之三：共生是未来组织进化的基本逻辑。

正如前文所阐述的那样，今天组织最大的挑战是持续的不确定性、无法判断的未来以及万物互联的深度彼此影响。这些挑战让我们必须找到一个全新的组织形态来回答挑战，为此我们提出了"共生型组织"⊜这个新概念。我们提出这个概念的依据是，在过去6年对23家企业所做的深度调研，"研究发现，这些企业的成功来自于更贴近顾客需求的投入，它们把产品和服务做得更深，深入到顾客无法离开；它们把产业链创建得更加融合而具有多利性，以至于每个环节的参与者都愿意开展合作，共同为产品和服务付出；它们的组织更加富有弹性，经得起市场变化带来的震荡并能够寻找机会实现突破；更重要的是，它们能够把组织所处环境中的各种资源集

⊖ 陈春花. 组织变革与组织赋能［EB/OL］.［2016-6-2］. 中国人力资源网. http://www.sohu.com/a/79526018_301243.

⊜ 陈春花，赵海然. 共生：未来企业组织进化路径［M］. 北京：中信出版社，2018.

合到价值创造的方向上，凝结成更广泛和更集体的智慧，仿佛拥有了一种强助力推动它们前行，最终实现更高水平的协同发展。正因此，我们把研究的重点聚焦在它们的组织形式上，探求其组织特征的共性"㊀，得出"共生"发展路径的结论。

2013～2016 年陈春花回归企业做联席董事长和首席执行官去践行"共生型组织"的研究，当时行业整体都在下滑。如何才能在行业和自身同步下滑的情况下，恢复企业增长甚至强劲增长？陈春花主导公司做出战略、业务和组织同步转型的行动，采用的办法是"与别人合作"的共生模式。三年后公司强劲增长得以恢复，进而成为面向互联网转型比较成功的企业之一。

"共生"选择就是让组织形成命运共同体，拥有集合智慧与资源的重要逻辑。在生物学或者自然法则之中，共生是一种普遍存在的现象，它代表的是多种不同生物之间形成的紧密互利关系，物种之间相互依赖，彼此有利。在互联网技术和数字技术的背景下，我们进入万物互联而又各自独立的世界之中，共生型组织的形态，正是因应这个互联网世界的特征而诞生，共生型组织可以实现在不同组织之间的相互合作。在这个过程中，组织具有充分的独立性和自主性，同时组织之间基于协同合作进行信息和资源的共享，通过共同激活、共同促进、共同优化获得组织任何一方都无法单独实现的高水平发展。尽管共生不可避免地带来冲突和分歧，但它从更大程度上强调了共生组织之间的相互理解和尊重，实现彼此更优越的进化循环。

㊀ 陈春花，赵海然. 共生：未来企业组织进化路径 [M]. 北京：中信出版社，2018.

基本观点之四：价值网络成员彼此互为主体。

尤瓦尔·赫拉利（Yuval Noah Harari）通过著作《未来简史》○
（*Homo Deus: A Brief History of Tomorrow*）为人类认知打开了"未来之窗"。书中指出现实有三种存在范式：客观现实、主观现实和互为主体。"智人统治世界，是因为只有智人能编织出互为主体的意义之网"，所以企业要有构建和融入价值网络的能力。但是要激发价值网络中各主体的创造力，就需要整个价值网络中的成员互为主体。只有互为主体才能形成资源共通、价值共创、利润共享的格局，并实现单个个体不能实现的协同价值创造。所以企业对于自己的第一个要求是，把周边所有的伙伴看成是主体而非客体。比如说组织和供应商的关系，只要说"供应"这个概念，组织就已经是主体了，因为对方供应给你，你决定它能不能有机会供应，这已经是主客体关系。所以**想要获得价值网络的有效价值，第一个难题就在于能不能真让价值网中各成员是互为主体的关系，而不是主客体关系。**

在《激活组织》一书中，我们明确提出激活组织的一项重要工作是建立"合作主体的共生系统"。○做到这一点，需要构建一个"价值共同体"。○通过价值共同体，可以构建价值网，"打破传统价值链的线性思维和价值活动顺序分离的机械模式，围绕顾客价值重构原有价值链，使价值链各个环节以及各不同主体按照整体价值最优的原则相互衔接、融合以及动态互动"。○因此，管理价值共同体成为当下企业构建和维护竞争力，进行持续发展的必然选择。

○ 尤瓦尔·赫拉利. 未来简史［M］. 林俊宏，译. 北京：中信出版社，2017.
○ 陈春花. 激活组织［M］. 北京：机械工业出版社，2017.
○ 孙永波. 商业模式创新与竞争优势［J］. 管理世界，2011（7）：182-183.
○ 陈春花. 激活组织［M］. 北京：机械工业出版社，2017.

基本原理

企业必须是个整体,效率来源于协同而非分工,共生是未来组织进化的基本逻辑,价值网络成员彼此互为主体,这四个基本观点帮助我们确认本书的核心基本假设。而在总结和获得这些基本观点的同时,我们选择了一家合适的企业去做深度的研究,最终选定北京致远互联软件股份有限公司(以下简称致远互联),选择过程严格遵循了理论抽样的准则(Eisenhardt & Graebner,2007)。①致远互联连续13年在中国协同管理软件领域市场占有率第一,②拥有上万家客户。凭借自身的管理优势,致远互联积累了10年以上的管理数据,包括公司从几十人到上千人的成长历程中的员工、管理者的协同行为及业务协同数据。本研究团队专家自2017年4月,深入企业内部进行企业战略咨询服务,并签署了研究合作协议,研究持续到今天已经展开了两年时间,让我们有更多机会去深入理解企业的效率来源。③结合四个基本观点和上万家企业的真实实践,我们发现贯穿其中的"协同创造价值"这条主线,在此基础上,我们展开了文献梳理。

通过文献梳理,我们发现,"协同"思想由美国战略管理学家安索夫(H. Igor Ansoff)于1965年引入管理学,其出版的《战略

---

① Kathleen M Eisenhardt,Melissa E Graebner. Theory Building from Cases: Opportunities and Challenges [J]. Academy of Management Journal. 2007, 50 (1): 25-32.
② 致远互联发展历程 [EB/OL]. 致远互联官网. http://www.seeyon.com/Info/fazhan/y/2015.html.
③ 致远互联发展历程 [EB/OL]. [2019-05-06]. 致远互联官网. http://www.seeyon.com/Info/company.html.

本书的四个基本观点 ▶

企业必须是个整体

效率来源于协同而非分工

共生是未来组织进化的基本逻辑

价值网络成员彼此互为主体

管理》㊀（*Strategic Management*）一书中指出协同是指公司通过各业务单元相互协作，实现企业的整体价值大于各个独立组成部分的简单加总。哈肯（Hermann Haken）(1984) 系统阐述了协同理论，㊁自协同的理念引入到企业管理领域，协同理论就逐渐成为企业战略管理的重要理论基础和依据。哈肯将协同学称为"协同工作之学""协调合作之学"，协同学适用于从自然科学到社会科学的多个领域。协同学中的结构从无序到有序的转变在微观层次表现为，从没有协同到高度协同。"协同管理"理论尚未成型，概念也模糊不清，但协同的思想已经开始得到重视和关注（苏乐天，杜栋，2015）。㊂基于协同管理研究的背景和时代意义，我们之前的研究论述了"互联网+"时代对协同管理的新要求，并运用科学计量学（Scientometric）对检索到的国内外相关文献进行梳理，通过对现有研究的时间和空间分析，对比国内外现有研究成果、研究阶段和研究热点，总结现有协同管理研究的进展、思路、方法等的变化趋势。通过对比国内外协同管理领域论文的发表数量，我们发现自2001年起研究数量激增，呈现蓬勃发展态势，国内外呈现数十倍的巨大落差。这充分说明"协同管理"具有中国特色，也是根植于中国的管理实践，为解释中国一跃成为世界第二大经济体，提供了一种可能的解读视角。国外强调合作和协作问题，并直接探索对协同管理的创新和绩效影响的机制、模型、框架。而国内则着重将其应用到"供应链""信息化""电子商务""协同管理软件"等方面，

㊀ Ansoff. Corporate Strategy [M]. McGraw-Hill, 1965.
㊁ 哈肯. 协同学 [M]. 徐锡申, 等译. 北京：原子能出版社, 1984.
㊂ 苏乐天, 杜栋. 协同管理研究综述与展望 [J]. 科技管理研究, 2015, 35 (24)：198-202.

更加强调适用性，以及信息技术在软件环境下的应用。[一]

从四个基本观点，到企业实践案例分析再到文献梳理，帮助我们找到八个概念关系的理解，这八个概念分别是：组织效率、分工、组织边界、契约、信任、强链接、共生和赋能人。今天组织管理需要回答的最大的问题，就是万物互联时代下企业如何面对不确定性持续获得高效率。分工依然在释放劳动效率、组织效率和人的效率上具有效力，但伴随着万物互联时代的到来，组织平台化、生态化趋势带来更大价值的系统效率释放。契约和信任相结合，带来了新的组织形式、雇用关系、联盟状态等，不断突破现有组织边界。基于契约的信任在强链接的支撑下，构建出具有系统效率的"共生空间"，个体和组织因为被赋能和激活，创造出有别于以往任何一个时代的新型组织价值创造——共生时代的协同价值。管理要解决企业现实困惑，而对于困惑的解答的关键，在于以组织有效性作为出发点，从整体论的系统视角展开。因此我们确定了以上八个概念，并认为需要在深入理解八个概念的本质关联的基础上，寻找组织管理新旧逻辑转换的基本假设，具体用基本原理的方式来表达。

基本原理一：组织内和组织间协同成为效率的重要来源，系统整合效率将更加依赖组织内和组织间的协同来实现。

在互联网技术之下，无论是企业还是个体，都是以网络的形式与他人链接起来，是大链接社会网络中的一员。这种网络由于其体

[一] 陈春花，朱丽，刘超，柳卸林，徐石，刘古权. 协同管理国内外文献比较研究：基于科学计量学的可视化知识图谱［J］. 科技进步与对策. 2018, 35（21）: 73-79.

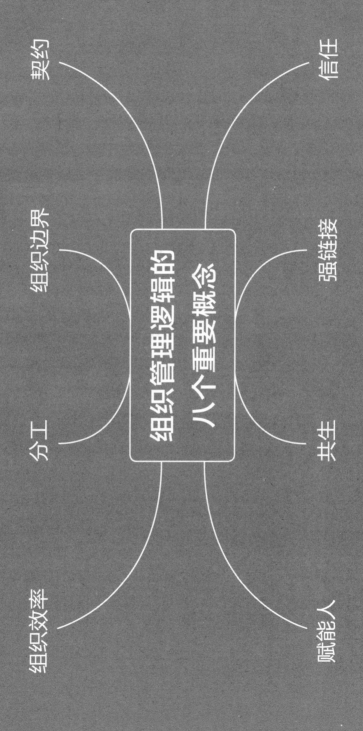

量巨大，潜藏着巨大价值——网络效应，因其巨大的网络效应，影响着每一个企业和个体的价值释放或者价值创造，这也直接导致了企业（个体）与网络价值的发挥绝不仅仅取决于企业（个体）本身，更取决于是否与网络中其他企业（个体）产生协同作用，并与其一起激活网络中蕴含的巨大价值，进而提升系统效率以获得价值创造与创新的机会。当然，我们也要认识到，协同并不仅仅是主体之间简单的协作和沟通，更是战略、资源、文化、制度机制、员工意识及利益的协同。

其实，马克思（Karl Heinrich Marx）早已注意到协同的重要性，他认为分工之所以能提升效率是因为分工组织能够产生一种协作力，这种协作力的大小决定了组织效率的上限。[一]巴纳德（Chester Irving Barnard）提出有关协作系统的概念，[二]他本身也非常关注协作的价值，将协作的意愿当作组织三要素的重要元素。可以说，前人的这些洞见在当今信息技术社会上表现得更加明显与鲜活，只是当时由于分工体系尚未完善，互联网络尚未形成，组织内部和组织之间协作带来的高效价值创造没有受到广泛关注。

我们强调协作，绝不是抛弃"分"、忽略"分"的重要价值，而是在"分"的基础上强调协同。**首先，我们要认识到，必须有分工，分工是报酬递增得以实现的基本组成部分。其次，我们也必须**了解到，分工对于价值贡献的递增曲线日趋缓慢，价值贡献的关键点在于协同效率，既包括企业内部门之间的协同，也包括企业外组

[一] 马克思. 资本论（第一卷）[M]. 北京：人民出版社，1975.
[二] 切斯特·I 巴纳德. 经理人员的职能 [M]. 王永贵，译. 北京：机械工业出版社，2007.

织间的协同。这是由技术及互联网的动态环境决定的。

基本原理二：内外分享机制的确立是边界重塑的保障。在跨界颠覆挑战下，管理者要在确保边界柔性、可渗透的前提下，凭借技术穿透构建企业内外部资源流动与分享的协同机制。

新古典经济理论中以马歇尔（Alfred Marshall）为代表，其实是构建了一个技术上的生产函数，认为企业是一个专业化生产单位，是为外部进行生产（或服务）的，其实就是我们常说的专业化理论。该理论的基本观点是，企业存在是因为比个人的自给自足更加有效率，这种效率的来源涵盖了规模经济、专业化等方面。由此可见，专业化理论的基础是企业的生产功能，关键点是企业可以提高生产效率。⊖在新古典经济理论中，企业被完全当作一个"黑箱子"。企业的唯一功能其实是一种输入和输出之间的转换，这种转换的目的是利润最大化，转换的过程要受到生产函数的约束。

我们必须从企业边界的视角去关注这种动态的转化，以帮助企业寻找到有效的边界，让企业内部与外部的组合效率最大化。这也是为什么在20世纪，企业成功的关键是规模、角色清晰、专门化和控制，且企业外部边界越大，企业规模经济优势越明显，效益也就越好。而在21世纪，企业是否成功取决于速度、柔性化、整合和创新，具有灵活性和弹性的组织能更好地存活，支撑企业成功的传统因素在悄然发生变化。企业边界的柔性和模糊，是今天企业成功的一个边界特征，而企业能否获得不断重塑边界之能力，取决于能否在企业内外部构建资源流动与分享的协同机制。

⊖ 企业边界［EB/OL］. 百度百科. https://baike.baidu.com/item/%E4%BC%81%E4%B8%9A%E8%BE%B9%E7%95%8C.

基本原理三：企业要建立基于契约的信任体系。赋能组织成员的关键在于，通过结构设计和激励体系相结合，在高度联接的网络中建立基于契约的信任感。

福山（Francis Fukuyama）的一本书——《信任：社会美德与创造经济繁荣》（*Trust: The Social Virtues and the Creation of Prosperity*）让我们能更加深刻地了解信任对于经济发展的重要性。书中写道，"华人家庭提供开创新商业所需要的社会资本，但它同时制造了对于这些企业最重要的结构性限制，这一限制令它们无法演化成可持续的大型企业。"㊀这个分析帮助我们了解到，华人家族型企业的小规模，原因在于"华人非常倾向于信任与自己有关系的人，反之，也同样非常不信任自己家族和亲属群体之外的人。"㊁"在家庭之外的信任匮乏，致使不相关的人很难组建群体或者组织，例如商业企业。"美国则不同，"美国家族企业会迅速引入职业经理人，尤其是在公司创始人过世后，当发展到第三代的时候，公司往往已经完全移交给职业经理人去打理。孙辈或许依旧作为大股东持有公司的股份，但是他们中很少有人会积极地参与公司的管理。"㊂美国能够获得经济繁荣的基础正是源于建立了广泛的信任。威廉·大内（William Ouchi）在研究日本企业的时候，曾发现日本企业跟美国企业组织有一个地方不一样，即人与人之间的亲密感。在日本的整个组织当中，能够建立人与人之间的信任，日本的组织效率比美国高。㊃凯文·凯利（Kevin Kelly）也曾指出，"新经

㊀ 弗朗西斯·福山. 信任：社会美德与创造经济繁荣 [M]. 桂林：广西师范大学出版社，2016.

㊁ 同上.

㊂ 同上.

㊃ 威廉·大内. Z理论 [M]. 朱雁斌，译. 北京：机械工业出版社，2013.

济始于技术，终于信任。"[1]

我们必须时刻认识到，虽然经济契约与利益是协同合作的基础，但究其根源在高度互联的网络关系中，人们选择合作是因为相互信任。观察优秀企业实践，契约既明确了结构设计又有确定的激励体系，使得组织内外之间的信任得以有效确立。从这个视角去看，我们一定要建立一种真正的信任，一种基于契约的信任，方可在更广泛的网络中构建共生价值。

基本原理四：实现从"竞争逻辑"到"共生逻辑"的战略认知转变。企业通过挖掘自身价值贡献的不可替代，构建或加入"合作主体的共生系统"，在"共生空间"中协同发展。

在数字化背景下，资源和产业的束缚发生了转变，而新技术的应用改变了人、产品和行业之间的连通性，使得企业和自身利益相关者之间的关系，通过彼此滋养和相互促进的方式，拓展了生长空间，实现了由"竞争"向"共生"逻辑的转变。竞争逻辑围绕的是比较优势（比别人做得好），共生逻辑围绕的是客户价值（共同做好）；**竞争逻辑围绕的是满足需求（已有需求），共生逻辑围绕的是创造需求（新需求）。**[2]因此，"共生逻辑"才是回归顾客价值、创造和唤醒顾客新需求的商业底层逻辑。

当数据、协同、智能等要素组合在一起时，商业生态在不断被调整和颠覆，商业机会如雨后春笋般蓬勃涌现，财富积聚和移动速

---

[1] 凯文·凯利. 新经济，新规则 [M]. 刘仲涛，康欣叶，侯煜，译. 北京：电子工业出版社，2014.
[2] 陈春花，廖建文. 打造数字战略的认知框架 [J]. 哈佛商业评论，2018（7）：119-123.

度前所未有，创富者和创业者蓬勃雀跃，但很多企业转瞬即逝。究其根源不是这些企业没有发现市场机会，不是它们没有发现顾客价值，更不是资金或是耐力不足，而是它们选择的是一个机会，没有立足于"共生"与"众享"的可持续性。"互联网＋"和各行业相结合，使得企业单体作战的时代一去不复返，企业的协同行为被调整到一个新的范式。新范式的关键在于构建或是**加入一个"合作主体的共生系统"，在系统优势下"共生经营"获得系统效率，在"共生空间"中协同发展**，这才是新时代激活组织的价值创新。

观察到的现实

在万物互联时代，社会的交易成本急速下降，与此同时效率来源也发生了翻天覆地的变化。互联网将管理效率的来源由内部转移到外部，在新一轮的市场竞争中，优秀的企业如小米、阿里巴巴、海尔、7-Eleven等都是在系统效率上更胜一筹。

正如《维基经济学》(Wikinomics: How Mass Collaboration Changes Everything) 的序中所指出的，"**向外看，而不仅仅是向内看，将是一场管理思维上的大跃迁。或许我们可以说，这是自20世纪早期通用汽车发明公司概念以来最大的跃迁。**"[一]被誉为"数字经济之父"的唐·泰普斯科特（Don Tapscott）与安东尼·威廉姆斯（Anthony D. Williams）所著的《维基经济学》，其目的就是要揭示"大规模协作如何改变一切"。维基百科是一个网络百科全书，并

[一] 唐·泰普斯科特，安东尼·D 威廉姆斯. 维基经济学：大规模协作如何改变一切 [M]. 何帆，林季红，译. 北京：中国青年出版社，2012.

于2018年入围世界品牌500强。维基百科最让人不可思议的地方是，只有5名需要工资的员工，而大部分工作由志愿者执行。《自然》杂志比较了维基百科和《不列颠百科全书》中关于42个科学条目的对比，发现区别竟然是微不足道的。近乎达尔文的进化过程，体现在每篇文章上平均被编辑20多次，从而维基百科具备了别样的优势，就是维基百科可以轻松捕捉错误和纠正，而《不列颠百科全书》的错误依然存在。对于其可靠性的争论，我们在此暂不做深入判断，但这种方式带来了一种新的思考，如何向外获得系统效率，在这方面维基百科无疑是做得很好的。

维基百科全书网站获得的巨大成功所依靠的就是系统效率。维基百科的创始人吉米·威尔士（Jimmy Donal Wales）的初衷是，"想象一下这样一个世界，这地球上的每个人都能免费得到人类的全部知识。那就是我们一直在做的事情。"在1988年创建Nupedia初期，其允许任何人提交文章和内容，需要进行7个步骤的评价和批准，但是一年花费12万美元，只发表了24篇文章，于是创始人决定放弃。之后创始人在雇员的推介下开始使用Wiki，允许任何喜欢参与的人加入，仅用一个月的时间，出版了200篇文章，第一年文章数量即达到18 000篇。维基百科同时涵盖了200多种语言的400多篇文章，成为访问数量最大的站点之一。这就是当组织进行转变，向外寻求效率突破时，所带来的巨大系统效率的跃迁。⊖

以大众广泛接触的手机行业为例，诺基亚将手机做到全球第一，以"科技以人为本"的技术理念和业务模式，奠定了划时代

⊖ 维基百科 Wikipedia ［EB/OL］. 百度百科. https://baike.baidu.com/item/%E7%BB%B4%E5%9F%BA%E7%99%BE%E7%A7%91.

的伟业。甚至在 2008 年时，诺基亚人可以骄傲地说，"此时此刻，全球 9 亿人因为诺基亚沟通无障碍。"作为行业成功者，诺基亚无疑是当时全球手机品质最好的公司，物美价廉，稳坐行业价值链顶端。但是当苹果手机出现，那些原本诺基亚的忠实用户有机会接触到苹果手机后，就放弃了诺基亚手机，究其根源是诺基亚在行业边界重新塑造之时，没有赶上时代的步伐，于 2013 年第一季度被三星手机超过而开始滑落。在同一时期，苹果公司在手机理念、技术和品牌内涵上，进行了全新的阐述和解读。苹果将手机核心理念从通话质量和耐摔，重塑为功能和时尚并重；将手机的核心技术从通话，重塑为人与人的链接；更重要的是开放了自己的代码给予每一个在苹果手机上的开发应用商，创造了一个为顾客创造全新价值的苹果系统，从而将手机行业带到一个全新的发展模式——手机成为智能终端。苹果这样一个移动手机的新进入者，借助于行业边界重塑，最终成了诺基亚手机神坛的终结者。

其实，关于互联网时代的趋势判断，诺基亚的 CEO 早在 2006 年就曾准确预言，"互联网与手机的未来将融合在一起"，诺基亚要成为"真正融合互联网和移动性的公司"。㊀ 令人叹息的是，微软以 54 亿欧元的价格收购了诺基亚的手机业务，曾经的世界巨头，最终以无奈且波澜不惊的方式在历史舞台上谢幕了。

华为公司公布了 2018 年的财报，其中销售收入达到 7212 亿元人民币，㊁ 这标志着华为正式进入千亿美元俱乐部。2017 年，全

㊀ 评论：诺基亚不是被乔布斯击败的 [EB/OL]. [2014-6-6]. 新浪科技. http://tech.sina.com.cn/t/2014-06-06/17289421945.shtml.

㊁ 华为 2018 年年报 [R]. 华为官网. https://www.huawei.com/cn/press-events/annual-report/2018.

世界年收入超过 1000 亿美元的公司只有 61 家，中国有 14 家公司入榜，除平安银行一家民营企业之外，另外 13 家都是国企。而更让我们对华为年报所披露的数字感到惊喜的是，它的消费者业务达到 48.4%，这意味着华为已经有能力进入终端业务并让自己的业务结构更加稳定，具有抗风险的能力。在这份年报中，我们看到华为将"网络安全和用户隐私保护作为最高纲领，华为倡导并践行在创新中构筑安全，在合作中增进安全，共建可信的数字世界。"㊀这就是华为基于契约信任所取得的成就。无论是组织内部员工还是组织外部合作伙伴，以及客户，都形成一个基于契约的信任体系。华为与逾 18 万员工形成共赢模式，华为 2018 年年报有这样一句话，华为百分之百员工拥有。华为坚持为客户创造价值，推动无处不在的联接，和全球 182 家运营商开展 5G 测试，全场景智慧生态与 150 多家厂商合作，覆盖 700 多个城市，211 家世界 500 强企业和 48 家世界 100 强企业选择了华为作为数字化转型的合作伙伴。这一系列数字，可以说明华为的价值创造以及获得价值绩效的真正驱动因素。

我们再看看小米公司，8 年前没有人想到如今的小米会成为市值如此之高的企业。小米为什么可以创造奇迹？就是因为：小米的经营逻辑是"不控股"，作战逻辑是"单品精准推送"，竞争逻辑是"共生"，商业落实是"设备互联"，最终形成竹林共生的生态逻辑，与其他生态企业在共生中协同发展。

世界上只有两种企业：一种是适应时代趋势而长足发展的企

㊀ 华为 2018 年年报 [R]. 华为官网. https://www.huawei.com/cn/press-events/annual-report/2018.

业,另一种则是在时代洪流中被无情颠覆的企业。数字化时代最大的挑战是,企业要具有与不确定性共舞的能力,这就需要企业抓住由"分"到"合"的价值创造转换的本质规律,开放组织边界从"竞争逻辑"向"共生逻辑"的转换,既要确保自身能与其他利益相关者探寻到适当的"共生空间",又要企业在其中具有不可替代性的能力。其根本的核心就是:真正具有"协同"能力的企业,才能获得足够的"系统效率",才可以避免在新技术浪潮中被颠覆的命运。

| 第二章 |

效率及其认知

▼

世界上只有两种物质：高效率和低效率；

世界上只有两种人：高效率的人和低效率的人。

——萧伯纳（George Bernard Shaw）

管理从根本意义上是解决效率的问题,所以,当我们决定去理解大系统效率来源于协同的时候,我们还是决定从梳理如何认知效率入手,帮助我们去理解协同的价值贡献。

我们所知道的组织管理经典著作,都是从效率入手寻找管理答案的。泰勒开篇名宗,提出了科学管理原理解决的中心问题。他明确地说:"没人会否认,在单个人工作的情况下,只有其劳动生产率达到最高,即只有在其实现了日产出最大时,才可实现其财富最大化。"[一]因为对组织效率的关注,法约尔提出著名的"管理要素",标志着一般管理理论的诞生。法约尔深深吸引我们的地方不是他对于一般管理要素的贡献,而是在法约尔那里,我们终于明白组织效率的提升来源于何处。法约尔不断地强调专业化和分工、分责、分权之间的关系,"劳动分工的结果是职能专业化和权力分离",而

[一] 弗雷德雷克·泰勒. 科学管理原理 [M]. 马风才, 译. 北京: 机械工业出版社, 2009.

组织能否发挥效用

取决于

组织本身能否带动

组织成员一致性的行为

法约尔关于等级链的设计实质是通过下放权力解决了组织沟通的效率问题。[1]

组织的有效性，取决于其成员是否具有"一致性的行为"。通常情况下，组织成员在目的和行为选择上是多样性的，组织如何让人集合在一起？决定其"一致性的行为"的关键因素是什么？从巴纳德（Chester Irving Barnard）那里，我们找到了答案——合作。如果用人的身体做一个类比来理解经理人员的职能，那么相对于其他组织成员角色而言，经理人员就好像是包含大脑在内的神经系统。作为中枢神经系统，经理人员需要指挥着身体的各种活动，从而确保身体可以适应周围的环境，并保持机体的存活。经理人员的职能本身就包含，维持身体各个部分系统协作的特性，所以经理人员的职能是组织的，而非个人的。我们所讲的经理人员的职能，就好像神经系统一样。神经系统指挥着身体的各种活动，以便使身体更有效地适应环境，维持生存。"[2]管理必须有效，如果管理实践不能够有所作为，将是对实践所调用资源的极大浪费，绩效不存在，管理也就无从谈起。企业一定要明确人是用来创造价值的，否则，人力就完全沦为企业的成本，而"人是资源不是成本"是德鲁克反复强调的。在人的层面上，如何更有效地发挥人的长处是管理者的责任。因此，管理过程本身并不是程序化的，也没有明确的对错之分，只要能够达成期望的管理目标，就是有效的。**德鲁克常说，效率是把事情做好，效果则是做正确的事情**。所以，管理者

---

[1] 亨利·法约尔. 工业管理与一般管理 [M]. 迟力耕，张璇，译. 北京：机械工业出版社，2007.
[2] 切斯特 I 巴纳德. 经理人员的职能 [M]. 王永贵，译. 北京：机械工业出版社，2007.

必须把正确的事情"做好",这就是管理必须要有效率地达成好的效果。

仅仅选择四位经典管理学者的观点就让我们看到,经典理论中,管理要解决效率问题始终是一条主线。而在今天,效率问题的确遭遇到了新的挑战。在互联技术飞速发展的大背景下,竞争环境具有了更大的不确定性,这使得劳动效率的提升和改善成为企业存活的基本条件。而与此同时,个人需求也在不断朝着多样化和个性化转变,倒逼满足个人需求的激励手段不断涌现,个人效率的提升也呈现日新月异的变化。更因为互联网技术,影响组织绩效的因素由内部转到外部,外部因素的影响力有时显现得更加巨大,但是相比较而言组织效率的改善却不尽如人意。

为什么会如此?组织的任何行为都会受到周围环境的深度影响,组织内外部各种因素的干扰,会使得组织偏离既定的方向,这种理解是对的。不确定的存在,使得组织中不再存在明确的杠杆。如果我们还按照以往的通过内部明确杠杆来进行调整,如通过裁员、轮岗、流程再造等,提升企业的盈利水平、管理水准,进行流程优化等,可能很难达到提升组织效率的初衷。因为组织效率和以上明确的杠杆动作,已经受到外部环境的影响而不再是线性关系。当企业进行裁员的时候,可能行业其他参与者已通过新产品对我们的产品进行了迭代,也有可能当我们在培养管理层能力的时候,市场上已经开始用技术穿透组织,通过技术优化管理或是再造流程获得组织效率。所以,组织效率再也无法具有明确的调整因素,管理者们习惯的努力已经很难获得想要的结果。因此,很多人认为外部环境对于组织效率的影响是无法控制的。但是现实困境是,如果我

们真的放弃从外部获取组织效率的尝试，那么组织将会无法适应巨变的外部环境，管理也不能发挥其价值。㊀

我们在《激活个体》和《激活组织》两本书中，已经探讨了两个主要问题：第一个是组织在个体价值崛起的情况下，如何成为支撑并激活个体创造力的平台；第二个是组织能否将优秀的个体集合在同一个平台上，充分提升和释放组织创造力。我们在分别探讨个体激活和组织激活这两个主题的时候，隐含的管理逻辑就是协同效率，即"1+1>2"的协同效应（synergy effect）最大化。

管理成为真正的生产力，是源于管理对效率的改善。如果管理者没有很好地理解管理对于效率释放的基本逻辑，就会导致组织内部效率低下。

源于此，我们展开更加详尽的梳理，同时也回答下面两个问题：**第一，过去百年是如何有效释放组织效率的？第二，组织管理效率的新来源是什么？**回答这两个问题，对于现阶段管理效率的释放，以及组织未来的可持续发展都至关重要。

分工与劳动效率最大化

效率到底与什么相关呢？讨论这个话题，一定会从泰勒开始，泰勒在1911年《科学管理原理》中就已经给出了答案。泰勒将管理由经验上升为科学，并终其一生紧紧围绕如何在有限时间内让产出最大化即如何使生产率最大化这个话题展开。《科学管理原理》

㊀ 陈春花. 我读管理经典 [M]. 北京：机械工业出版社，2015.

是管理史上的一座丰碑，泰勒也被誉为"科学管理之父"。劳动生产效率问题是《科学管理原理》解决的中心问题，解决之道就是科学的分工，即泰勒提出的四条科学管理原理：找出科学的方法以避免经验方法的低效，科学地挑选工人并通过教育帮助其成为人才，设法与员工密切合作以确保科学方法得以实施，管理者和员工双方应各负其责。㊀

因为泰勒，人们知道了什么是科学管理；因为泰勒，人们知道了工业化的依据；因为泰勒，人们开始运用流水线；也同样因为泰勒，人们才了解管理就是"分工"。分工就是让不同的劳动力专门从事自己擅长的部分，通过劳动力的划分与独立性来提升效率。泰勒让我们了解到，科学合理的分工能提升效率。如果我们能科学地划分工作元素，选择合适的员工培训开发，并与员工进行持续沟通与改进，同时在工作职责上与员工平等，那么将能获得最大的劳动生产率。泰勒着重指出**最大限度提高工人劳动生产率**，是企业要解决的首要问题。

劳动效率最大化的手段就是"分工"，虽然现在看上去好像还很普通，但在当时影响是非常巨大的。《科学管理原理》被德鲁克誉为"20世纪最伟大的发明"，因为分工产生了流水线，因为流水线才有了工业化，因为工业化才有了以机器取代人力的工业革命。把福特推上机器时代奠基人地位，并创造了"福特之工业奇迹"的，就是泰勒科学管理原理在工业化流水线上的成功运用。在福特之前也有许多企业和行业进行生产线运作，但是没有一家

㊀ 陈春花. 泰勒与劳动生产效率：写在《科学管理原理》百年诞辰［J］. 管理世界，2011（7）：164-168.

可以达到福特的规模。福特经典 T 型车在 20 世纪 20 年代初的销售巅峰，标志着科学管理在实践应用上，奏响了工业时代的效率凯歌。

泰勒认为工人没有效率是管理者的责任。他明确指出，"在新的制度下，如果一个工人没有干好，总是先假定是我们管理人员的过错，可能是我们没有正确地教会这个工人，没有给他做出榜样，没有花费足够的时间教会他怎样干他的工作。"科学管理倡导用"精神革命"的方式，将标准化、科学化引入管理，并认为这是实施的核心和实质。泰勒指出雇员和雇主双方的利益是一致的，而不是根本对立的。"精神革命"需要劳资双方共同推进，变对抗、怀疑为互信、合作，共同贡献于"劳动生产率的提升"。只有劳动生产率提升了，雇主才能降低成本，工人才能获得高工资，双方才能同时获益。其实质就是倡导，"共同把蛋糕做大"，雇主和雇员应该把对利润分配的关注，转移到增加总体利润的视角上来。

我们来看看海尔的实践。海尔之所以能够在竞争白热化的家电行业中冲出来并参与国际分工，与其自身劳动效率有非常大的关系。海尔的基本理念就是行动，将分工明确落实到每个人，并针对每个人提出具体要求。在海尔有一个著名的管理理念——"日事日毕，日清日高"，这就是被业界普遍称颂的"海尔管理之剑"。由于管理最后必须转换到行动和指令上，所以海尔转化出一个管理模式，叫作 OEC 管理模式（overall every control and clear）。

这个管理模式的要求是，"全方位地对每个人每天所做的每件事进行控制和清理，每天的工作每天完成，而每天的工作质量都有一点（1%）提高。"这套管理模式是在海尔"日事日毕，日清日高"管理口号下开发出来的。它使得海尔劳动效率达到非常高的水平。我们在思考海尔为什么可以脱颖而出时，发现关键就在于海尔的 OEC 管理模式，即把事情分到了每一个人身上，对每一个人提出了要求，从而极大地提升了海尔的劳动效率。在这里我们想告诉大家，劳动效率的提高，其实很重要的原因是大家对于分工的理解。

《摩登时代》（*Modern Times*）和《儿女一箩筐》（*Cheaper by the Dozen*）就是反映科学管理影响力的两大经典喜剧电影。前者是卓别林（Charles Chaplin）在工业时代的效率革命下，对于福特主义滥用的无声控诉；后者是对极度热衷效率的吉尔布雷斯夫妇的嘲讽。有两个让人印象深刻的情节分别是，《摩登时代》中卓别林所扮演的角色即拧螺丝帽的产业工人，看到任何六边形的东西都要拧，甚至眼睛和鼻子都要拧……《儿女一箩筐》中，吉尔布雷斯夫妇出差回家，孩子们冲向自己怀抱所用的时间，都会用秒表来记录……科学管理将人假设为"经济人"，从而忽略了人的动机多样性和社会性，导致用机械的方式看待员工，在一定程度上将人视为"活的机器"，因此引发了哲学界人是否是机器的大讨论——控诉这个时代，让人变成了机器。管理需要面对接下来的挑战：如何在避免人成为机器的前提下，获得高效率？

分权与组织效率最大化

伴随着"分工"对于效率的释放，人们发现管理只解决了劳动效率，而忽略了对人的尊重。思考如何在降低对人伤害的同时获得更高的效率这一问题，引领管理研究进入下一阶段——行政组织管理阶段。

这个时期有两个代表人物，马克斯·韦伯和亨利·法约尔。马克斯·韦伯被称为"组织理论之父"，他的官僚组织模式（bureaucratic model，即行政组织理论）对后世产生的影响最为深远。韦伯是德国著名的古典管理理论学家、经济学家和社会学家，是19世纪末20世纪初西方社会科学界最有影响的理论大师之一。他与泰勒、法约尔三人一起被称为西方古典管理的先驱，韦伯甚至被社会学誉为与杜克海姆、马克思齐名的"现世神明"。

韦伯清晰地提出"权力赋予职位而非个人"，这无疑对19世纪官僚制盛行，且个人权威至上为导向的欧洲社会带来巨大的冲击，形成由经验管理到现代管理的"分水岭"，并为德国企业从小规模世袭，到大规模管理的转变做出了理论贡献。组织最为根本的功能就是效率，所以如何获得组织效率是管理必须回答的问题。韦伯正是从组织效率出发，找寻影响组织效率的核心要素，他发现合法的权力是决定组织管理的核心，也正是从这个观点出发，韦伯强调组织体系中法律界定的权力划分，提出了官僚组织结构理论，他提出的官僚组织结构理论为社会发展提供了一种高效率、合乎理性的管理体制。⊖

正是基于韦伯提出的官僚组织结构理论，我们才有机会看到西方行政管理体系的建立，传统的世袭制组织的土崩瓦解，以及借助

⊖ 陈春花. 我读管理经典［M］. 北京：机械工业出版社，2015.

于组织结构设计带来的巨大的效率释放。韦伯认为合理、合法的权力是组织的基础，没有一定形式的权力，任何组织都不可能达到自身的目标。

韦伯以最理性的方式预先假定了法律和权力的概念，并指出当权力和职位相结合的时候就要求人具备专业能力。在实践中，管理者个人权力凌驾于组织之上的例子屡见不鲜，这样就会导致组织无法获得高效率。因为迷恋权力的个人会放大权力的职责范围，这会让权力成为个人的附属物，导致组织陷入责任缺失的非理性状态。

所以理解韦伯，应该理解他对于组织管理的原则的约定：权力属于组织而非个人。组织管理的核心就是让权力从个人的身上回归到职位上，也就是组织本身上，只有在这种情况下才会得到管理效率。更为重要的是，韦伯在进一步分析组织结构的时候，透彻地阐述了理性设计的重要性，他认为如果**能够理性地分配权力，用法律的手段明确权力，组织结构就是最有效的**。

法约尔在《工业管理与一般管理》中提出管理要素和 14 条管理原则，这对现在管理者认知组织管理轨迹，以及了解管理作用的发挥仍具有不可替代的作用，也启发我们认识到"**组织效率最大化的手段是专业化水平与等级制度（分权）的结合**"。法约尔最初提出的 14 条管理原则的两个关键问题，构成了组织管理的基础，也就是影响组织效率的两个关键要素。这两个关键问题是：专业化能力和等级制度。组织要想获得高效率，第一，需要具备很强的专业能力；第二，依据责任把权力分配下去。只有两者相结合，组织效率才能达到最高。

所以，一方面我们需要强化专业化的能力，无论是管理者、领导者还是基层人员，只有贡献了专业化的水平，我们才能够算是胜任了管理工作；另一方面需要明确的分责分权制度，只有职责清晰，权力明确，等级安排合理，组织结构有序，管理的效能才会有效发挥。专业化水平与等级制度的结合正是组织效率最大化的来源。当我们认为组织效率不够时，原因要么是专业化能力不够，要么是没有分权。在外部环境高度不确定的条件下，企业如何获得超越变化的能力？法约尔的理论无疑具有更加切实的意义。

我们来看看美的的实践，如果说海尔凭借的是较高的劳动效率率先在中国家电企业中突破千亿，美的则是以组织效率紧随其后突破千亿。美的在短短的十年里，每年都以100亿元的速度增长，即使是在2008年经济危机时仍保持增长，正是源于美的强大的组织能力，也就是事业部制带来的人才发展平台和运营效率平台。

美的拥有一个非常强大的职业经理人队伍，所以美的产品能从风扇、电饭煲，延伸到空调、微波炉、热水器等，一路延伸到今天的智能化与数字化产品。美的之所以能够拥有强大的经理人队伍，是因为这支队伍有两个很特殊的地方，一个是职业意识非常强，另一个就是高绩效。为什么一个队伍可以保持职业优势，并且保证高绩效呢？这和美的组织制度相关。何享健在评价自己的管理团队时指出，最重要的是"集权有道，分权有序，授权有章，用权有度"。也正是这一套组织制度使得企业快速有效地发展，一路助推美的成为全球白电领域的领先者。

美的的实践不仅让我们看到专业化和分权制度结合后的高效率，还让我们关注到另外一个视角，那就是个人效率如何发挥的问题，这也是我们需要了解的第三阶段的问题。

分利与人的效率最大化

有关人的效率如何获得的问题，其实早在泰勒分工理论出现之后，就已展开研究，而我们把这个话题归入第三阶段，是以人力资源管理理论被确认来界定的。

在管理学领域，梅奥（George Elton Mayo）的影响是人所共知的，20世纪20年代左右，工人的觉醒和工会能力的提升、经济发展与周期性经济危机的加剧以及科学技术的应用，使得单纯应用古典管理理论和方法已不能有效地控制工人来达到提高生产率和增加利润的目的。在这种情况下，一些学者开始从生理学、心理学等角度进行提高生产率的研究，其中管理史上最著名的也是最成功的研究实验就是"霍桑实验"。1927年，美国管理学家梅奥应邀参与霍桑实验，实验历时9年并经历了两个阶段。在霍桑实验的基础上，梅奥于1933年出版了《工业文明的人类问题》（*The Human Problems of an Industrial Civilization*）一书，正式创立了人际关系学说，第一次涉及了影响员工生产积极性的社会与心理方面的因素，探讨了人际关系因素在生产与管理中的作用。1945年，梅奥又出版了《工业文明的社会问题》一书，进一步阐述了他的观点。㊀

㊀ 陈春花. 我读管理经典 [M]. 北京：机械工业出版社，2015.

梅奥深刻地认识到人与组织的密切关系，强调人存在于组织环境中，而不是社会中。梅奥通过霍桑实验发现人际关系中的关键活动是激励人，我们对于这个观点尤为认同，常常有人问我们什么样的管理是做得好的管理，梅奥已经给过答案：透过集体既能满足个人需求，又能实现组织目标。

梅奥的人际关系理论成为人们后来进行行为科学研究的基础。自此以后，围绕"人的个性、心理与行为"的研究开始，越来越多的管理学者、社会学及心理学研究者加入到这一研究领域，最终使行为科学成为西方管理理论的重要流派之一。理论的研究结果促进了管理人员对于人的重视，使得管理者注重改善人际关系，并开始在使得组织的需求和人的需要相一致上做出相应的努力等。

让个人发挥效率，组织需要做四件事：为组织成员创造机会，建立良好的组织环境，满足人的需求，挖掘人的潜能，在此基础上，个人效率才会被发挥出来。当企业发展到一定阶段的时候，管理必须要解决人的效率，所以德鲁克才说，在整个管理过程中，人是最积极、最活跃、最能够创造价值的资源，只有将人的效率发挥出来，管理的效率才得以实现。

华为在人的效率方面的实践尤其值得借鉴。华为工资高从来就不是什么秘密，根据华为年报，2017年工资薪酬费用1068.51亿元，按照17万员工算，人均年薪（含福利）62.8万元。2019年春节前，任正非在华为内部心声社区发了007号总裁电邮，说"据2018年全年财报初估，华为18万员工，人均年收入可达110万元。"我们再来看看华为的效率，单以财务人员来看，98个国家和

746个账户实现互联互通,支付指令可以在2分钟内传递到全球任何一个开户行,付款准确率远高于银行;在全球实施的RFID物联资产管理方案,目前已经覆盖52个国家、2382个场地、14万件固定资产,每5分钟自动上报一次位置信息,每年更新一次固定资产的使用负荷(或者闲置)情况。⊖这些数字也许能够帮助我们去理解华为的人均高收入与人均高产出之间的正相关关系。

任正非指出,"企业发展主要牵引动力是机会、人才、技术、产品,这四种力量相互作用,机会牵引人才,人才牵引技术,技术牵引产品,产品牵引更多的机会,这是一个循环。员工在这个成长圈中处于主动位置。要重视对人的研究,让他在集体奋斗的大环境中,去充分释放潜能,更有力、有序地推动公司前进。"这虽然是任正非在华为早期的讲话,但今天看来依然具有很大的启发。华为的管理之所以有效,是因为它们在人的效率释放方面做了很多努力。

上述三个阶段,解决的都是企业内部的效率问题,我们也知道今天还必须解决企业如何获得外部效率的问题,即系统效率的问题,我们称之为第四个阶段。

协同与系统效率最大化

最近七年我们一直在深度观察中国企业,发现自2012年互联网技术成为基本推动力量以来,开放边界、共生成长成为领先企业

⊖ "中国会计视野"公众微信号,2019-05-04.

的核心特征。这些核心特征以及前文所分析得到的基本观点和基本假设,特别是现实的观察,让我们确认,协同成为系统整合效率的关键。

互联网的出现为组织内、组织间、组织和外部环境的协同,提供了更大的便利性和可能性,进而以排山倒海之势,颠覆了行业格局、融合了企业边界、重塑了管理认知。随着数字化时代的到来,信息共享的便捷开辟了新的商业模式,庞大的网上消费者成为新族群,行业和"互联网+"融合后,衣、食、住、行的传统企业边界纷纷被打破,人类的生活方式也发生了翻天覆地的变化。企业的经营模式和环境已经为我们呈现了一个完全不同的"商业世界",协同开始成为企业获取效率的新来源。

价值创造和价值获取的底层逻辑变化,使得行业颠覆的速度和顾客需求的变化急剧增加,任何单一的企业都无法单独应对。因为要成功应对两种底层逻辑的变化,必须凭借"大系统效率"。正如华为创始人任正非所言,"一个人不管如何努力,永远也赶不上时代的步伐,更何况知识爆炸的时代。只有组织起数十人、数百人、数千人一同奋斗,你站在这上面,才摸得到时代的脚。"⊖

随着互联技术驱动的"万物互联"时代的到来,技术变革引发了对行业边界的巨浪冲击,使得不确定性激增,企业再也无法获得原来的"稳态"。正如比尔·盖茨所言,"我们总是高估在一年或者两年中能够做到的,而低估五年或十年中能够做到的。这是因为技术的力量也正呈指数级增长,而不是线性增长。所以它始于极微

⊖ 孙继滨. 卓有成效:管理者的职业习惯[M]. 北京:清华大学出版社,2015.

小的增长，随后又以不可思议的速度爆炸式地增长。"互联技术引发的爆炸式增长，使得企业不得不透过广泛的连接，以获得成长的机会，才不至于被快速迭代或者颠覆。

拉姆·查兰（Ram Charan）在《求胜于未知》（*The Attacker's Advantage*）中写道，"我们这个时代的不确定性远远超过了以往任何时期，无论是在变化的规模、速度还是迅猛程度上，都与过去根本不在同一个量级上。"⊖这种不确定性能带来整个行业格局的彻底颠覆，导致曾经叱咤风云的行业巨头，市场急剧萎缩甚至迅速消失。行业巨头陨落的前车之鉴历历在目，如柯达对于数码时代来临时点的错判，诺基亚低估苹果智能手机导致的被收购，都是因为未能及时识别变化，或者未能及时应变而导致被淘汰。

传统的经营观念认为，企业是创造价值的主体，可以自主决定其提供的产品或服务的市场价格。销售是链接企业和顾客关系的桥梁，通过销售过程，顾客获得企业提供的产品或服务。在这种观念下，顾客和企业是被分开的，企业的价值创造是在封闭的体系中完成的，其价值创造的过程是和市场相互隔离的。而新时代的经营假设发生的根本变化是，**价值再也不由企业单独创造，而是由顾客和企业共同参与创造**。顾客更加关注自身的体验，更加关注消费过程的价值创造，而不仅仅是关注拥有的产品或是服务本身，在这种新的观念下，顾客和企业是联系在一起的，整个价值链都是一个强链接的关系，全过程价值创造决定了价值链成员必须是共生协同的关系。

⊖ 拉姆·查兰. 求胜于未知 [M]. 杨懿梅, 译. 北京：机械工业出版社，2015.

这就将我们带入了一个崭新的"认知世界",需要我们转变为具有类似"生态系统"的认知逻辑,既要能够包容复杂性、多元化,还需要时刻进行自组织、自演化,从而能和生态系统内其他主体实现共生。这要求我们具有更加开放的格局、更加宽广的视野和更加互动的关联。所以,在我们面前会呈现一个与以往完全不同的"现实世界",无论组织内部还是组织外部,都需要协同合作,因而要求组织具备一些新能力,这个新能力的核心,就是协同。

大数据和云计算的出现,使得组织间的管理成为现实并且更加便捷。随着技术的突飞猛进,数据的交换和共享更加普及且便捷,这使得顾客、企业,以及二者之间的协作效率急剧提升,协同也成为个人和组织、组织和组织之间,面向未来的重要的发展模式和演进方向。

近年来,组织间的发展模式由单向、僵化的供应链管理,向灵活、动态的价值网络协同模式转变,构建柔性价值网成为共识。一旦消费者的新需求出现,就会形成一个新的价值网,价值网中的个体或是企业,会以订单为中心,快速聚合和协同工作。数据的交换和共享极大地增加了消费者和企业之间的效率,一旦任务结束,"柔性共同体"自动解散。我们今天所看到的优秀企业无一例外都能很好地整合外部资源,直接面向顾客创造更好的体验,甚至与顾客协同创造价值。

小米的实践,运用"消费者参与"构建顾客社区,如小米网与同城会,布局小米之家和云服务。小米沿着顾客数字生活方式,延伸至顾客的终端设备和解决方案，进而突破手机产品，跨界协同，实现围绕顾客生活的全面布局。

青岛海尔凭借"协同优势"，为中国家电最大一笔海外并购交了一份让股东满意的答卷。海尔以55.8亿美元兼并通用电气家电业务（GEA），其"协同效益"在2016年6月交割当月月底就已呈现，GEA为青岛海尔贡献的销售收入和利润分别为34.6亿元和1.03亿元。实际操盘的青岛海尔董事长梁海山，遵循的就是"协同逻辑"。他强调虽然"研发协同"一直是海尔海外并购战略需要整合的优势资源，但最看中的是用户资源获取的"协同效应"，这是在收购伊始就能感知到的市场表现。这种品牌联盟的形式将会在美国呈现出"协同增值"，GEA几乎实现B2B、B2C全方位覆盖，并垄断着美国家电渠道覆盖的建筑和装修市场。海尔"牵手"GE将会使得海尔产生覆盖全球的网络，完美补充其在渠道和产品上的不足。同时海尔可以凭借GEA获得美国销售网络，实现"Haier""GE""FPA"三品牌的系统整合，提升海尔整体海外市场形象。㊀

滴滴也是运用大协同理念构建了柔性的价值网，和周围环境中的节点达成价值共生，进而构建了创新商业模式。新希望六和借助于互联网构建了超过40万户养殖户的"猪福达"平台，通过构建消费者、养殖户和公司之间的价值网络，进而保证精准运行、便捷互动、过程可控，实现行业、市场和消费者的高效联动，提升了养

㊀ 中外管理. 操盘人揭秘：海尔整合GE家电的理念、策略及如何落地？[EB/OL].[2019-06-06]. 新浪财经. https://cj.sina.com.cn/article/detail/1790671321/94369?cre=financepagepc&mod=f&loc=1&r=9&doct=0&rfunc=100.

殖户的价值创造和价值回报。○

　　实践总是给我们以帮助和启发，通过今天这些优秀企业的实践，回归到我们所做出的四个基本原理的判断，这一切都在持续印证我们所关注的协同效应，即系统整合效率最大化的来源。**为了获得协同效用，需要重构企业边界，建立基于契约的信任，构建组织内外的协同模式，打造协同价值取向，并形成有效的管理层协同管理行为。**下面我们分别在各章之中展开相关内容。

　　○　陈春花：协同取代"分工"成管理效率之源 [EB/OL]．[2017-10-13]．http://www.seeyon.com/News/desc/id/2755.html．

第二部分

协同管理的关键构成要素

> 去发现一种能够容纳混乱的形式，
> 这是艺术家的任务。
> ——萨缪尔·贝克特
> （Samuel Beckett）

| 第三章 |

企业边界

▼

失败者建立的是有围墙的花园,而成功者建立的是公共的场所。

——唐·泰普斯科特(Don Tapscott)
《维基经济学》

詹姆斯·卡斯（James P. Carse）在《有限与无限的游戏》（*Finite and Infinite Games*）中指出，"只有意识到边界不过是我们的视域，边界才能被打破，我们所凝视的，是有限的，必定不能打破边界。"㊀他向我们展示了世界上两种类型的"游戏"——"有限的游戏"和"无限的游戏"。"有限的游戏，其目的在于赢得胜利；无限的游戏，却旨在让游戏永远进行下去。**有限的游戏在边界内玩，无限的游戏玩的就是边界**。有限的游戏具有一个确定的开始和结束，拥有特定的赢家，规则的存在就是为了保证游戏会结束。无限的游戏既没有确定的开始和结束，也没有赢家，它的目的在于将更多的人带到游戏本身中来，从而延续游戏。"㊁

《失控》（*Out of Control*）的作者凯文·凯利（Kevin Kelly）感

㊀ 詹姆斯·卡斯. 有限与无限的游戏［M］. 马小悟，余倩，译. 北京：电子工业出版社，2013.

㊁ 同上。

叹道,"《有限与无限的游戏》改变了我们对生活、宇宙和其他一切事情的看法。**两种游戏的不同,解除了我们下一步该做什么的犹豫。很简单:总是选择无限的游戏**。"[一]凯文·凯利在《技术元素》(*The Technium*)一文中有一个论断:所有公司都难逃一死,所有城市都近乎不朽。因为公司的成长逻辑遵循着有机体的生长周期,好像一个人一样,有发展也有衰退;而城市则构筑了自我不断动态扩张的生态系统,在变化中有着不可预测的未来。它更将视野放开,从大自然中提炼出"无中生有"的九条规律,为终极生态系统的扩张奥秘追本溯源。凯文·凯利从现代公司里正在发生的事情中,找到了这些规律存在的依据——它们都致力于打破边界、内向成长。

无论是行业的边界,还是企业的边界、组织的边界,在互联网时代和数字化背景下,其实都被打破了。今天的阿里巴巴、腾讯、IBM等企业最核心的是什么?就是不断打破边界构建一个广泛连接的生态结构,让更多的成员在这个结构里生长起来,也就是跟很多成员协同,帮助这些企业领先于其他企业。换句话说,形成协同效应的第一步,就是重构企业边界。

企业边界的本质

企业边界(enterprise boundary)是一个非常重要的组织特征和管理概念。企业边界的决定因素是经营效率,是企业在与市场的互动过程中,形成的经营范围和规模所决定的。企业的经营范围是纵向边界,确定了企业的市场边界,即企业在资源配置上哪些是自身

[一] 凯文·凯利. 失控[M]. 张行舟,译. 北京:电子工业出版社,2018.

经营活动，哪些是通过市场手段完成的；经营规模是企业的横向边界，即在经营范围既定的基础上，企业是以多大规模进行生产经营的。○

从企业边界的定义来看，我们就可以理解为什么今天更加需要重新构建企业的边界，因为在互联网技术之下，企业原本的很多经营活动，更应该通过市场手段来完成，而不是固守企业自己的边界。

新古典经济学将企业看作一个"黑箱子"，认为企业的唯一功能就是进行生产函数输入和输出之间的转换，在转换中获得利润最大化。这种判断回避了企业是一个组织的事实，也忽视了企业面对的很多组织问题。○对于"企业组织的边界"问题，科斯认为，组织扩展会带来成本提升，或者说"企业家也许不能成功地将生产要素用到它们价格最大的地方，即不能导致生产要素的最佳使用"。○科斯是从交易成本的视角帮助我们理解企业的边界，**企业的存在其实是一种内外成本的比较，当企业的内部成本高于市场交易成本时，企业边界（规模）就会缩小或是消失，也就是市场替代企业；反之，当企业内部成本低于市场交易成本的时候，企业得以存在或是扩大，企业替代市场。**

美国经济学家契斯认为，应该从整体的视角出发，涵盖与企业能力建立相关的整个过程、整个企业的内部知识和产品的生产过程

○ 企业边界［EB/OL］.［2019-05-05］. 百度百科. https://baike.baidu.com/item/%E4%BC%81%E4%B8%9A%E8%BE%B9%E7%95%8C.

○ 陈春花. 企业是个整体：管理整体论7大原理［J］. 哈佛商业评论，2008（5）：127-132.

○ 企业边界［EB/OL］.［2019-05-05］. 百度百科. https://baike.baidu.com/item/%E4%BC%81%E4%B8%9A%E8%BE%B9%E7%95%8C.

和外部的交易过程。契斯将企业动态能力定义为"企业整合、塑造和重组内部和外部竞争力以应对不断变化环境的整体能力",并从企业动态能力的视角,对企业边界进行探索,研究认为"企业的边界在于能力的适用边界"。[⊖]

以上这些理论都在清晰地指引我们,如何去理解动态环境下的企业边界变化,以及由此带来的企业效率、成本和能力的改变。互联网技术带来的最大改变,就是原有企业边界所界定的内部成本、效率及能力,已经无法与企业边界外进行比较,正如George断言的那样,"随着松散连接的组件逐步取代集成的业务单元,今天的企业边界将土崩瓦解。最后,能够在内部集中执行核心活动与外包非核心任务之间找到最佳平衡点的公司,将成为最终的赢家。"[⊜]

最近一段时间,我们常常被问到"企业的边界到底在哪里"。我们的回答很明确,企业的边界因顾客而存在,所以顾客在哪里,企业的边界就在哪里。

企业因为顾客而存在,因此顾客的成长是第一性的。如果企业不能和顾客一起成长,就失去了自身生存和成长的空间,所以企业成长性取决于顾客成长性。今天,因为技术本身的进步,导致生产者和消费者边界被打破,行业边界变模糊,传统行业被颠覆,组织管理方式也随之改变。企业需要围绕顾客需求建立起来似水一样,灵活应对变化的外部环境的动态组织。

稻盛和夫(Inamori Kazuo)的"阿米巴"、洛可可的"细胞管

⊖ 企业边界[EB/OL].[2019-05-05].百度百科.https://baike.baidu.com/item/%E4%BC%81%E4%B8%9A%E8%BE%B9%E7%95%8C.

⊜ 同上。

理"、海尔的"小微"、华为的"铁三角"等模式，都通过划小单元的企业内部边界重构，消除了企业的低效率，并有能力快速响应顾客需求。随着互联网时代移动互联的出现，组织和顾客的沟通平台发生了翻天覆地的变化，行业之间的边界越来越模糊，组织之间的竞争转变为无边界竞争。㊀在数字化时代，企业的价值创造和获取方式都发生了变化，行业层面甚至表现为从"边界约束"向"跨界协同"转变。㊁因为顾客可能会有新的需求，而提供满足顾客需求的或许不再是企业自己，也可能是价值链上或是价值链以外的合作者。当企业边界打开，进而通过合作拥有了满足顾客需求的新能力时，即使面对数字化时代企业也不需要再焦虑。

在一次关于无边界组织的讨论中，主持人问："去中心化、去权威化的无边界组织的趋势应该是必然趋势。实际上，也有关于这种组织形态的各种概念，如事业合伙人制、阿米巴、合弄制、云组织……甚至有企业提出'人人都是CEO'。那么，无边界组织究竟会具体以什么样的形式存在？"

其实我们认为，人们对无边界组织存在一定的认知误区，将"无边界组织"理解为"无边界管理"也许会更深入一些。

组织本身的定义决定了它的属性，关于组织用巴纳德的定义比较容易理解，他说："当两个或两个以上的个人进行合作，即系统协调彼此间的行为时，在我们看来就形成了组织。"因而，**组织**

㊀ 陈春花，赵海然. 共生：未来企业组织进化路径［M］. 北京：中信出版社，2018.
㊁ 陈春花，廖建文. 打造数字战略的认知框架［J］. 哈佛商业评论，2018（7）：119-123.

的边界不是形式上的，而是实质上的，那就是"**系统协调彼此的行为**"。无论企业采用什么样的组织形式，协调行动达成组织目标是根本的属性，所以我们更倾向于"无边界管理"而不是"无边界组织"。因为如果要协调彼此的行为，就需要各自承担各自的职责，各自完成各自的任务，每个人都需要为组织目标做出贡献。即使是无边界组织，组织的运行也需要处于一种稳定状态，维持一定的秩序。无边界组织并不全盘否定现有的管理制度、企业控制手段，只是不让这些管理制度、控制手段僵化地运行。

组织管理的无边界，并不是互联网新兴企业的专利，而是一个良好组织本身的特点，传统企业也一样可以做到。无论是新兴企业还是传统企业，无论是制造业还是服务业，如何重构企业边界，如何让组织具有柔性，都是需要面对的问题。

生产边界与组织边界延展

作为"核心竞争力"理论的创始人之一，普拉哈拉德曾经指出，企业竞争能力的来源在 2000 年之后会发生变化，原来竞争能力来源于企业内部资源，未来的竞争力是由顾客决定的。企业竞争力来源的转变，使得管理者一定要转变对于顾客和市场的认知，从内部资源视角转向外部顾客视角。就是因为企业竞争力来源的变化，才使得组织边界和生产边界得以延展。

传统认知的一个误区是，顾客是产品的被动接受者。因此企业每一次推出新产品，销售人员就不得不去寻找顾客，形成的结果是企业不了解顾客真正的需求和偏好，顾客对企业生产的产品并不满意，进而形成企业产品囤积的恶性循环。其实打破这种恶性循环的方式就是，**将顾客融入企业价值创造的各个环节中，从创意产生、产品设计、产品制造、渠道选择、产品交付到服务实现，都要和顾客紧密联系在一起。**

全球知名公司有一个共同的特点，就是让自己的品牌融入人们的生活，比如谷歌、微软、IBM、可口可乐、通用电器，还有我们熟悉的苹果等。无论我们使用哪一种语言，无论我们的生活方式或是所处文化如何，无论我们在世界的哪一个角落，使用这些品牌都不会产生任何障碍，即企业和顾客已经融为一体了。因此，我们知道做得好的企业就是要实现企业和顾客的无边界融合。

当顾客可以全程参与企业的价值创造时，企业便有途径充分接触和理解顾客对于产品认知、产品需求以及趋势理解的变化。只有这样才可以真正打破企业和顾客的边界，指导企业进行高效的价值创造，完成社会范围内的资源有效配置和合理利用。否则企业将很难适应市场的变化，甚至是为企业的发展带来灾难性的后果，比如诺基亚和柯达。所以，有效管理的第一个问题是，哪里是组织的最优外部边界？

我们在十多年前的《企业边界管理》一文中就对这个问题进行了深入探索，用古典微观经济学的 $IS—LM$ 曲线分析方法，得出一个结论：**"企业生产可能性边界和组织可能性边界的交点就是企业的最优外部边界。"** 简而言之，就是做企业"适合"和"力所能及"的事，具体分析如下。⊖

⊖ 陈春花. 企业边界管理［J］. 商界（中国商业评论），2007（2）：39-41.

我们对企业的功能、组织、生产、契约、产权等进行分析,发现这些要素可以分为两大类:生产性要素和组织性要素。生产性要素明确了企业核心能力大小、生产范围、上下游产品等,可以界定企业的生产可能性边界(可以生产什么、生产的能力、生产的异质性等);组织性要素明确了管理成本、产权分配、契约的完整性等,决定了企业的组织可能性边界(可以拥有多大的机构、采取什么样的组织方式等)。所以,我们可以从生产要素和组织要素两个变量来分析它们对企业外部边界的影响。图3-1中横纵坐标分别代表了边界和边界收益,$L1$、$L1'$、$L1''$ 以及 $L2$、$L2'$、$L2''$ 分别为组织可能性边界系列和生产可能性边界系列。$L1'$ 和 $L2'$ 在图中用灰色表示,二者的交点 A 为最优外部边界。

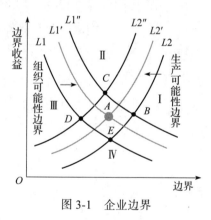

图 3-1　企业边界

资料来源:陈春花. 企业边界管理[J]. 商界(中国商业评论), 2007 (2): 39-41.

企业边界四象限

我们分别讨论处于不同象限企业外部边界变化的情况。

第Ⅰ象限:企业边际生产收益和边际组织收益均比较大,因而企业为追求更大的收益，有极强的欲望将生产和组织可能性边界向右推移，从而形成新的交点 B，企业的外部边界向外扩展。属于这一类的企业比较典型的代表是处于高速成长的新兴企业，它们一方面不断地进行兼并，进行横向一体化；另一方面大量收购上、下游企业，进行纵向一体化。阿里巴巴就是这样一家企业，最初创立的时候，阿里巴巴仅仅是一家提供中小企业交易服务的企业，但是经过一系列的拓展和并购，今天的阿里巴巴已经横跨电商业务、金融、物流以及云计算等多个领域，成为全球10大市值公司之一。

企业边界四象限如表3-1所示。

表3-1 企业边界四象限

象限	边际生产收益	边界组织收益	企业对策	企业外部组织边界变化
I	高	高	横向一体化 纵向一体化	边界扩展
II	低	高	业务剥离 外购	组织可行性边界扩展 生产可能性边界缩小
III	低	低	裁员 资产剥离	边界缩小
IV	高	低	重组 业务拓展	组织可行性边界缩小 生产可能性边界扩展

第II象限：企业的边界组织收益较大，而边界生产收益较低。这样企业出于理性的考虑会将一部分生产剥离出去，部分产品采取外购的形式，企业保持核心能力使生产更加专业化，企业生产规模相对变小。但是由于企业边际组织收益较大，企业有向外扩展组织可能性边界的动机，因而企业会以自己为核心企业，向外输出资金、管理，超越原有的组织边界，干预到交易方的生产管理过程。企业外部边界是内缩还是外扩，这要取决于生产可能性边界和组织

可能性边界各自变化的幅度，图 3-1 中，原有的平衡点 A 被新的平衡点 C 所代替，常见的模式有虚拟企业、战略联盟等。耐克公司是这方面的典型例子，耐克公司将 97% 的制造业务外包，从这方面看它的生产可能性边界很小，但是耐克具有非常优秀的研发水平、品牌管理能力和资金运作能力，从这方面讲耐克可以将自己的组织可能性边界进行很大程度的扩展。

第Ⅲ象限：企业的边际组织收益和边际生产收益都比较低，企业处于非常不利的位置。在这种情况下，企业要么收缩生产可能性边界，要么收缩组织可能性边界，或者同时收缩两者来提高企业的收益水平。企业常见的做法有大幅裁员和资产剥离。从图 3-1 可见，原来的平衡点 A 为新的平衡点 D 所取代，企业的边界变小。2004 年 IBM 公司 PC 业务连续 3 年亏损，亏损额高达 80 亿美元，PC 业务的亏损严重阻碍了公司的专业服务、软件等其他有利可图的业务的发展，1900 名从事 PC 业务的员工也成了 IBM 沉重的负担。同年，IBM 决定将 PC 业务卖给联想。2005 年第三季度，IBM 公司的利润超过了金融分析师的预期，而盈利的主要原因之一，正是剥离了长期困扰 IBM 的 PC 业务。

第Ⅳ象限：企业的边际生产收益大而边际组织收益小，这意味着企业的经营管理不善，机构设置不当、管理冗余。企业可能进行重组、重新设置组织架构、精简管理人员、去除管理冗余，或者进行合并，如历史上手工作坊向联合工厂的转变等，也有可能将生产可能性边界外扩，以消化较高的组织成本，获得好的组织收益。图 3-1 中，新的平衡点 E 取代了 A，企业的外部组织边界发生了变化。中国民航政企不分，冗员严重，效率低下，给民航企业带来了巨大的组织成本,这一直是影响民航发展的重要原因。2001年11月,国务院办公厅发文,宣布由国家计委牵头进行中国民航的重组。2002年10月,中国民航完成了重组,由众多分割的诸侯形成了南方航空等六大中国航空集团。中国民航的重组意味着企业在面临低的边际组织收益(高的边际组织成本)的情况下,必须对其外部边界进行收缩调整。

企业的边界管理

很多人都会认为,企业可以依照自己的资源和发展路径,来决定企业自身的成长空间。但事实是,如果我们需要得到企业发展的有效空间,确保在成长过程中所做的选择是有效的,那就需要知道如何进行企业边界管理。一个人从外行到专家要经过五个渐进的阶段:业余人员、学徒、熟练工、能手、出类拔萃者。类似地,企业对企业边界的管理能力也是由五个阶段组成的(见表3-2)。企业边界管理模型旨在帮助企业判断自己所处的位置,并说明企业改进的方向。

表 3-2　企业边界管理五阶段

阶段	关键性指标	判断标准	边界反应能力	边界创造能力
尝试	成功/失败	已有经验	无	无
重复	时间	执行和监督合同的成本	修正	创新
定义	收益	财务指标	权变	提升
管理	质量	可靠性	扩大	移植
成熟	适应范围	原则	重构	改造

我们用二维坐标反映企业外部边界管理趋向成熟的过程,纵坐标表示企业外部边界管理的成熟度,其中成熟度用企业外部边界的

反应能力和创新能力来衡量，横坐标表示时间（见图 3-2）。

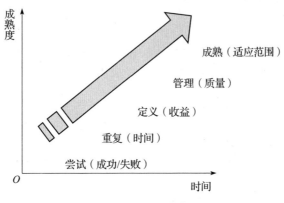

图 3-2　企业边界变化过程

尝试阶段的特征是缺少任何关于边界管理的知识，采用典型的试错法来实施管理，企业多方合作完成的时间和成本都无法预测。在这一阶段，合作过程带有极大的尝试性，因此，这一阶段企业主要关心的是合作是否可行。重复阶段的特征是基于以往积累的管理经验来实施新的管理。为了抓住市场机会，时间是首先要考虑的因素。该阶段中，由于合作在可行性上已经有了一定程度的保证，成员企业关注的焦点转移到时间这一关系到市场机会能否捕捉到的关键因素上。

定义阶段的特征是开始用文件的手段来认识正式的边界管理过程。当文件建立以后，潜在的成功合作伙伴的范围就大大拓宽了，即成员企业获得合作成功的可能性增加了。该阶段的管理方法是明确的，是经过实践检验和严格分析的。一旦合作的时间能够满足实现市场机会的需要，企业就开始把关注的焦点转移到如何降低成本、获取收益上,以便合作后实现的合作效益更大。

管理阶段的特征是按界定的责任管理,管理建立在不断变化的知识的基础上。企业不断地了解和参与其他公司的边界管理过程,不再有严格的边界管理流程,边界管理的结果具有可预测性。当合作时间和成本都可以接受之后,成员企业的边界管理重点就转向合作的可预测性和一致性上了,即合作过程的质量上。

成熟阶段的特征是成员企业对适应性有了更深入的理解。如果以上因素都良好的话,即企业的边界管理能力良好,表明企业的边界管理能力已十分成熟了。这一阶段应重视应用范围的拓展,只有这样才能够获得更大的竞争优势。所以,在成熟阶段,其主要指标是适应范围。

边界融合与边界模糊

今天的企业与互联时代之前的企业,最大的不同就是需要具有弹性。组织需要不断调整自己,不断寻找与变化共舞的机会,甚至需要具备超越变化的能力;通过建立组织壁垒的方式很难再获得成功,组织更需要形成开放与合作的结构,令外界更容易被纳入。行业边界、企业组织边界以及生产者与消费者边界的打破,这已经不再是一种趋势,而是一种现实。这就需要我们对于组织边界管理重新进行如下三点认知:

首先,企业边界管理要理解企业外部边界的清晰性——模糊性维度。企业外部组织边界的高模糊性(低清晰性)有助于企业迅速获取外部的资源，这是适应瞬息万变的外部环境的需要，也是瞬息万变的外部环境所导致的结果。

其次，需要了解企业外部边界的稳定性——动态可变性维度。企业组织的外部边界不断调整，有越来越不稳定的趋势。企业外部边界的高动态可变性（低稳定性），要求企业必须提高生产和组织的柔性与弹性，降低企业面临的不确定性和风险。

最后，企业外部边界的不可渗透性——可渗透性维度。企业持续存在必须具备的前提条件是：充分开放，与外界充分交流能量、物质和信息。现代企业边界是有机的、活性的，除隔绝有害的成分以外，它必须是开放的、可穿透的。由此推论：企业外部边界的高可渗透性是企业获得持续发展、不断创新、适应环境的标志。

如果观察企业实践，不难发现，企业中许多最有价值的改善机会不是来自于改进企业的职能，而是来自于更好地衔接贯通整个企业为顾客服务的各项活动，**只要把注意力集中于向顾客传送价值的各项活动，企业就会具有增长的能力而处于领先的地位**。战略逻辑的清晰性和持久性，决定着一个企业是否可以获得持续的顾客价值，也就是说，具有与外界广泛沟通的能力，能够打破商业间的边界，消除企业与顾客（消费）间的界限，最终能够实现商业价值。

边界融合加速企业转型

任何一家大型企业的业务转型都很难，但打开边界就可能加速变革。陈春花在新希望六和的时间不长，只有三年，但因为坚持引领企业践行关于跨界和协作的理念，在 2013～2016 年，实现了一家大型农业企业的转型。在这个过程中，最深刻的感受就是，管理层不能再用传统的农业逻辑来理解农业，继续深入到这个行业时发现，农业产业因为互联网技术不得不面对行业再造的问题。传统的农业逻辑核心要素是：农村、农民、土地、种子、养殖和种植的环境。现在的农业核心要素变为：金融、数据、信息。金融为纽带，数据为支撑，实现信息闭环；用农业大数据、农村金融以及农业物联网，把农业产业的全过程进行了再造。这一切与传统农业的运营逻辑完全不一样，整个农业产业链从种子开始一直到消费者端，全过程都被改造了。

"互联网+"给农业带来了前所未有的新属性，在农业产业中最重要的四个环节，都因此发生了根本性的变化。在生产环节上，"互联网+"可以实现精准生产。生产过程变成精准生产，因为土地、环保以及空气等因素都有了很大的改变，如何减少占用和污染成为关键影响因素，这实际上等于农业生产过程的做法完全改变。在经营环节上，"互联网+"可以实现农产品供应链。对经营的理解不再单纯是成本的改变，在经营的概念上更多的是农产品供应链。农业企业也和其他制造企业一样，未来最大的属性是供应属性，农业产业必须实现扁平化、透明化、公平化，必须真正与消费者对接并理解消费者。从农业管理环节来讲也变了，"互联网+"可以实现生产全过程的高效和透明，你必须让消费者了解产品是怎么生长的，在信息服务环节实现便捷化、个性化。这四个核心环节的改变，改变了整个农业行业。

新希望六和早在2013年就制定了"新希望六和+"的策略，选择打开组织平台，无论是内部还是外部，都可以嫁接新的组织能力,从而帮助企业获得新的发展机会。在产业链上游,他们与生物基因科技公司、原材料供应商进行合作。在内部,公司实行产销分离,设立创新平台,打造针对养殖户的技术、金融服务能力。在终端,他们与电商平台、终端食品品牌合作。这些新能力的获得都建立在合作的基础上,同时他们也向全行业开放。这一切行动有效地帮助了新希望六和从生产商向以用户为导向的农牧业服务商转型。今天的新希望六和已经具有了开放的属性以及平台的属性,他们不断打破内外部边界,让企业具有了全新的能力,以应对环境的变化以及顾客价值创造的需求。

边界融合带来协同效应

对于组织的边界来讲,可能有一个挑战:能不能够组合更多的资源、更多的能力、更多的优秀人才,去面对和应对不确定性。所以,不管在技术复杂程度和顾客需求程度之间选择什么样的组合,**今天对很多企业而言,内部"部门墙"是一定要打破的,外部的边界也要打破,需要组合新的能力进来,应对未来的变化。**

我们应该从两个角度来考虑,一个是基于市场和技术层面,自身企业跨界不跨界,是要清楚的;还有一个是从组织的层面来讲,我们都要打破边界。打破边界的组织,用融合这个词可能更为恰当,就是能不能去融合——内部融合以及外部融合。关于激活组织,我们认为重要的观点是:效率不再来源于分工,而是来源于协同,如果效率来源于协同,那组织内部和外部都必须是能够打开的。

在组织边界融合上要做的事情,我们特别强调三点:一是企业需要打破现有组织结构，这一点非常关键，如果不能把现有的组织结构打破，就很难谈组织边界融合这件事情。例如，如果没有海尔五次自杀式组织结构重构，就不会有今天海尔的成长性。

二是构建一个共生系统，我们称之为合作主体的共生系统，这是挑战更大的一个部分，其中最大难度在于所有成员彼此之间互为主体。海尔的"人单合一"模式之所以成为学术界和实践界关注的对象，在一定程度上是因为其解决了如何构建共生系统的问题。

三是领导者的新角色，传统的领导者角色为决策角色、人际角色和信息角色，新的领导者角色为布道者、设计者和伙伴。今天需要领导者成为布道者，让大家在价值观上保持一致，在不确定环境中找到确定的方向；需要领导者能够把梦想设计到产品和组织之中。更重要的，需要与团队成员成为伙伴关系，这里的挑战就是领导者自己能够成为被管理者。这就是组织融合、边界打开要做的三件事情。

边界模糊有利于打破壁垒

传统的组织结构中，各部门之间的界限都清晰可见，人们总能将责任明确地区分开来，也因此造成"这事不归我们管"的困境，制约了组织的效率和创造性。同时，随着互联网技术的广泛普及，企业的交易边界呈现出可变性和柔性化的特征；企业内的部门之间以及企业外的企业之间、产业之间、地区之间，甚至国家之间的壁垒，随着信息的交流与共享而被打破。企业越来越关心内外部资源的协同与整合效应，在将内部活动外包出去的同时，也将外部的活

企业协同

一方面要打破"部门墙"

另一方面要连接 ▶

价值链上下游企业

相关产业、顾客、资本

顾客在哪里

企业的边界就在哪里

动纳入自身运作体系中来。即呈现出来两种边界模糊化的方式，一种是内部活动市场化，另一种是外部交易企业化。

对于现在的企业而言，需要拥有一种能力，链接上下游的合作伙伴，链接相关产业的合作伙伴，还需要和其他产业、资本、顾客组合在一个共同生长的网络中，这由"共生逻辑"统和而成。智能互联产品不但会影响公司的竞争，更会扩展整个行业的边界。竞争的焦点会从独立的产品本身转移到包含相关产品的系统，再到链接各个子系统的体系。一家产品制造商可能要在整个行业领域内竞争，有的时候消费者甚至也会参与到竞争中来，企业间的边界越来越模糊，如今没有人可以百分百地确定自己的竞争对手是谁。

从QQ到微信，腾讯似乎已取代传统电信运营商，成为中国人互动与链接最重要的载体之一。与此同时，在移动支付、线上娱乐、生活服务、在线旅游和交通出行等领域，消费者也会感受到腾讯的存在。基于核心产品打造的用户网络，在智能互联网络的帮助下，腾讯将自己的竞争力持续地扩展到彼此之间相互链接的不同领域。你几乎无法界定腾讯属于哪一个行业，也很难知道腾讯的对手是谁。微信也是一个好的例子，它链接了相关与不相关的合作伙伴，链接了一个又一个个体，让全新的生活以及共生的意义被创造出来。今天，打破边界，已经成为一个更加需要认真面对的问题，因为其在众多行业领域都已显现出来。那些突破边界的企业，获得了强劲的增长，如亚马逊、苹果等。相反，柯达、诺基亚等企业反而被淘汰了。

无印良品是一家受人关注的企业，随着它的产品范围的扩展，人们已经无法简单地界定这家企业的行业属性。2005年进入中国市场的无印良品，直到2016年，中国消费者对其的认知还是一家服装公司，其服装业务的销售额占总销售额的50%以上。但在2015年，无印良品对书籍和主题产品进行匹配；2016年6月，无印良品全球第一家餐厅在上海营业；同年11月，无印良品把自己的业务拓展到整家住宅领域，推出无印良品小屋；2018年1月，全球首家无印良品酒店"MUJI HOTEL"在深圳正式开业，实现了"店铺＋酒店＋餐饮"的完美结合。然而，无论无印良品做什么样的改变和突破，都是以无印良品的商品为中心，基于核心品牌的打造。无印良品通过跨领域的价值融合，把自己的竞争力持续地扩展到相互不链接的领域，打造了全产业的开发。我们很难预测，无印良品下一步将进入哪个领域。但是，不变的是它组合不同的合作者，高品质地提供满足消费者一站式服务的生活需求。

跨界重构

经常有人会问我们，什么样的企业一定要跨界？从企业与市场的关系上来讲，推动企业进步的维度主要有两个：一个维度是顾客，顾客的需求在不断延伸的时候，对企业的要求在变；另一个维度是技术，技术创新与技术创新的普及速度都在加剧，因此对企业的要求也在变。当顾客需求比较清晰，技术变化没有那么复杂的时候，这个企业还不需要跨界，只要专注于自己的产品，做好即可。在如此多跨界的企业中，可以看到很多不跨界的企业，比如7-Eleven，一直做零售，专注于把便利店做好。

企业是否跨界，取决于两个维度的组合，如果顾客的需求在提升，甚至需要创造顾客需求，技术的复杂程度也在持续变化，企业仅仅提供产品已经无法满足市场的变化要求，此时企业需要延展到价值链或者价值网中，也就是需要展开跨界融合发展的模式了。

比如，腾讯、阿里、小米都是依靠技术创新驱动与顾客价值创新融合，进入市场并获得成功的。它们不断跨界、融合、连接与共生，把技术创新与顾客价值创造有效融合在一起，从而获得了强劲的驱动增长的力量。假设你的企业无法融合这两个驱动的力量，那就不去考虑跨界的问题，反而更应该去做产品深度开发，把产品做到极致。

跨界思维是一种突破性的思维，把"不可能"变成"可能"的思维。英国著名的科幻小说作家亚瑟·查理斯·克拉克（Arthur Charles Clarke）的"克拉克定律"⊖当中，也有跨界思维的体现。克拉克定律指出，"一个德高望重的科学家前辈，如果他说某件事是可能的，那他几乎肯定是正确的；如果他说某件事是不可能的，那他非常可能是错误的；只有一个方法能够弄清什么是可能的，什么是不可能的，那就是：稍稍突破两者的分界线，进入不可能的领域。"

跨界为何伴随颠覆

颠覆在大部分情况下都不是从内部产生的，这是事实，更能说明跨界所产生的冲击力。为什么颠覆大部分情况下不能从内部产生？根本原因在于，企业内部对于固有的优势太过迷恋。如微信的

⊖ Colin Clark. The Conditions of Economic Progress［M］. MacMillan and Co Limited, 1940.

出现，改变了人们的沟通方式，但是中国移动在很多年前就推出飞信，为什么无法做大做好？其原因就是原有的通话业务带来了丰厚的利润和规模，有着绝对的优势。而微信之所以成功，正是因为它没有受到原有优势的影响，而是坚定地创造全新的沟通社交方式，结果脱颖而出，并颠覆了传统的通信行业。

陈春花、廖建文指出，数字化时代和工业化时代相比，呈现变化规律、环境认知、商业范式、思维方式等的全面变革。生产流程和商业模式重塑，跨界打劫在商业领域几乎每天都在上演。㊀互联网时代，"组织边界"被跨界颠覆已成为常态。互联网与传统行业嫁接，产生了"跨界"与"颠覆"的两大效应。"万物互联"，在企业进行数字化转型和管理重塑的过程中，"颠覆性创新"时有发生。互联网嵌入冰箱实现了智能，互联网融入商业，淘宝每天的交易额就能达到500多亿元，互联网＋汽车，特斯拉开启新一代的驾驶体验……

利用新技术或新模式进行颠覆的情形，几乎每一天都在发生。新的可能和新的机遇在一系列的颠覆与被颠覆中不断出现，企业已经不能仅从既有的思维和惯性来理解环境和行业，如果固守原有的思维和习惯认知，就会走入迷途。毫无疑问，柯达的专业气质十分浓厚，但是它忽视了新的生活方式里影像行业的变化，数字成像技术的迅猛发展给传统成像技术带来了极大的挑战，传统成像技术成本高昂、设备笨重以及成像保存时间有限的弊端更加明显，其在数字成像技术的冲击下束手无策，最终如作家章诒和所讲，柯达"像一个壮汉猝死，像一个勇士牺牲"。

㊀ 陈春花，廖建文. 打造数字战略的认知框架［J］. 哈佛商业评论，2018（7）：119-123.

跨界的本质是创新，是通过嫁接其他行业的理念和技术，用新的手段突破原有的行业惯例和常规，实现颠覆性创新。

平台对于边界的结构性变革

平台使得企业边界不再受缚于自身的资源约束。平台和互联技术的有机融合，使得价值创造方式发生翻天覆地的变化。互联网技术与数字化生存背景下，企业战略已经从拥有资源，向调动外部资源转变。也正是因为平台的发展不受资源所有权约束，在资源稀缺的现实商业环境下，平台以迅雷不及掩耳之势激增，成为驱动创新变革的一股强大的结构性力量。世界上最大的两家出租车公司Uber和滴滴，没有一辆出租车；世界上最大的民宿网站Airbnb，没有一处房产；世界上价值最大的电商阿里巴巴，没有一件库存商品；世界上最大的社交网站Facebook，不拥有自己的内容生产。与上述类似，今天最大的新闻平台今日头条，不拥有任何一条自己生产的新闻，平台的出现使得快速集聚资源、用户和行业领先地位成为可能。

平台使得组织跨越边界的创新模式不断涌现。随着全球经济的飞速发展，创新成为国家经济发展的重要引擎，创新平台也越来越被大众所关注，我们不禁探寻原因何在。纵观2001～2016年，世界上市值最高的公司排名变迁，让我们感受到了平台的力量。以2016年8月为转折点，石油企业、工业企业、金融企业、零售企业悄然退出世界前五的行列，取而代之的是苹果、微软、亚马逊、谷歌、Facebook等互联网平台企业。代表中国企业的腾讯和阿里巴巴两家基础性的平台型公司，以突破4000亿美元的市值进入世界前十，因而在世界范围内掀起了一场**平台革命，具体根源是平台构建的"网状价值链"，替代传统模式的"线性价值链"。**

平台为企业边界融合提供了空间。"当世界的联系越来越紧密时，能更好地利用平台力量的公司将获胜。"⊖以市值来呈现，北美的平台型企业是最多的，诞生于中国的腾讯、京东、阿里巴巴，因为其市场的统一性，增长极为迅速。欧洲的市场具有细分的特点，而拉丁美洲和非洲相对落后较多。由此可见经济发达的国家或是区域，其平台的优势一览无余（见图3-3）。平台是互联网经济和实体经济进行融合的发展新引擎。平台的建构不仅使得原有的产业边界重塑，而且击败了任何一种产品，使得创新方式和耦合途径发生了翻天覆地的变化，进而迎来从技术创新到协同管理创新的新时代。从协同创新平台整体视角看，在整个创新链条进行多主体价值的协同管理，是保证整个平台上任何两个价值主体间形成"1+1>2"的协同创新优势的关键所在。

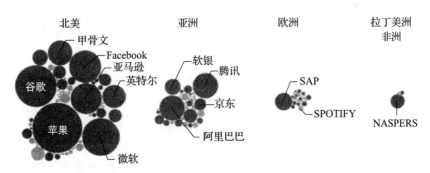

图3-3 世界范围内的平台企业呈现

资料来源：Peter Evans. Center for Global Enterprise.

⊖ 杰奥夫雷 G 帕克，马歇尔 W 范·埃尔斯泰恩，桑基特·保罗·邱达利. 平台革命：改变世界的商业模式［M］. 志鹏，译. 北京：机械工业出版社，2017.

《中国互联网络发展状况统计报告》显示，至2018年6月中国网民首次突破8亿。有研究显示，网络协作者创造的价值是最高的，会获得8.2倍的市场乘数，技术创造者、服务供应商、资产构建者分别获得4.8倍、2.6倍和2.0倍。⊖随着网络时代的到来，网络效应促使谷歌、Facebook等用户超越世界1/7人口的巨型公司产生，大规模协同的时代已然到来，而中国在这个历史时期，迎来了自身独特的网络优势，进而催生平台型企业的产生。微信免费直接颠覆了移动、联通；支付宝"余额宝"出台，对银行造成巨大打击，18天狂收57亿元……德鲁克曾经指出，"企业的唯一价值就是创造顾客。"而平台不断拓宽边界，融合更广泛的合作者，可以帮助企业精准对接顾客需求，促进企业满足顾客的高效价值创造。

跨界冲击萌发机遇

了解了跨界颠覆的本质和平台的结构性变革后，跨界冲击对很多企业而言，增加了更多发展的可能性。海尔就是成功运用互联网时代规律，以"人单合一"双赢模式的管理创新，支撑其实现跨界融合和互联网转型的。用张瑞敏自己的话说，海尔致力于"在企业内部打造一个全新的创业生态系统，每个创业的员工就好像是一棵树，很多很多树就变成了森林。这个森林里头，可能今天有生的，明天有死的，但总体上来看，这个森林永远是生生不息的"⊜。

"没有成功的企业，只有时代的企业"，优秀的企业总会在战

⊖ 杰奥夫雷 G 帕克，马歇尔 W 范·埃尔斯泰恩，桑基特·保罗·邱达利. 平台革命：改变世界的商业模式 [M]. 志鹏, 译. 北京：机械工业出版社，2017.
⊜ 张彦伟，贾理君. 海尔自杀式重生能否奏效 [J]. 企业管理，2014（9）：50-53.

略上提前布局,"踏准时代的节拍"。据统计,海尔自 1984 年开始已经历了五次大的战略变革,这五次战略变革延续至今,分别实现了名牌战略、多元化战略、国际化战略、全球化品牌战略,以及 2012 年至今的网络化战略。海尔每次战略变革的主题,都是根据当时所处的时代进行调整的,而且步步占领战略先机。海尔各个创业小微能够根据用户需求,进行内外部资源的协同创新,形成多样化的"生态圈",不仅在家电领域成功实施,还在房车、健身器材、教育、陶瓷、模具等各个领域实现了成功复制和推广。可见当企业提前布局避免冲击时,该企业是有战略优势的;当企业能迅速有效应对冲击时,该企业是有存活机会的;当企业对冲击视而不见时,该企业很可能成为被跨界"洗牌"的对象。

海尔自 2012 年至今实施网络化战略,紧紧抓住互联网时代平台化趋势的战略机遇,在一般企业还是以自身为中心的传统型企业时,它却大手笔打造互联网时代的平台型企业,继续探索"人单合一双赢"商业模式。迄今为止,战略实施效果为"企业无边界、管理无领导、供应链无尺度",完成传统制造业向互联网转型。海尔内部提出的一个理念叫"外去中间商、内去隔热墙"。2013～2014 年两年裁员人数共计 2.6 万,被裁人员大多数为中层,呈现在销售体系上就是,几乎被全盘改为独立自然人的小微公司。○组织结构更加扁平,减掉不拥抱互联网的中层,让组织具有面向互联网的结构属性。

海尔自主研发了支持大规模个性化定制的工业互联网平

○ 海尔掌舵人高调公开两年裁员 2.6 万:瘦身动中层 [EB-OL]. [2014-06-19]. 华夏时报. https://finance.sina.com.cn/chanjing/gsnews/20140619/000619453227.shtml.

台（COSMOPlat），到2018年，"该平台已经聚集了3.3亿用户、390万家供应商资源，链接2600万台智能终端，为4.2万家企业提供数据和增值服务。""COSMOPlat房车行业，应用海尔COSMOPlat，房车企业不仅实现综合采购成本降低7.3%，交付周期从原来的35天缩短到20天，而且根据用户需求融入了智慧家庭、智慧安防系统和全车Wi-Fi等，消费者的体验更佳，产品溢价提升63%。"其他跨界融合也都呈现了良好业绩。[⊖]海尔的"人单合一"模式，为我们认识跨界带来新成长提供了一个真实的案例。

企业边界从本质上而言，决定着企业的经营效率，围绕着市场中的各要素的相互作用，寻找到最有效的经营效率，从而形成有效的范围与规模。我们一方面需要了解边界的各个象限特征和产生的效果，另一方面需要了解如何管理边界以带来高效。更重要的是，互联网技术带来的边界融合与边界模糊，让企业发展的空间展现出新的不同，而跨界带来的结构性变革，更是萌发了新的机遇，边界重构带来了无限的可能性。

⊖ 海尔COSMOPlat取得多方面成果 成大规模定制解决方案平台［EB/OL］.［2019-03-02］. 人民网. http://homea.people.com.cn/n1/2019/0302/c41390-30953696.html.

| 第四章 |

基于契约的信任

▼

新经济始于技术,终于信任。

——凯文·凯利

人们如果相互信任,善于合作,那么他们可以轻松地适应新的环境,创造出合适的新组织形式。

——弗朗西斯·福山《信任》

福山的一本书《信任：社会美德与创造经济繁荣》，让我们更加深刻地了解到信任对于经济发展的重要性。书中指出，在任何时代，当社会资源与物质资源同等重要时，只有那些拥有高度信任的社会才能构建稳定、规模巨大的商业组织，才能更加有效地应对全球经济的挑战。福山的信任研究发现，文化的差异导致不同国家中社会信任度相差较大，例如美、日、德是高信任度国家，中、意、法属于低信任度国家。中国人的信任格局是"差序格局"，信任程度会依交往对象的亲疏远近而改变，如同水面上泛开的涟漪，由自己延伸出去。这种格局根据血缘、姻缘、乡缘、友缘等不同，而逐渐往外形成一层一层的圈子。㊀林语堂在分析中国和日本的差异时指出，日本犹如一整块花岗岩，而传统中国社会却像一盘散沙。㊁

㊀ 弗朗西斯·福山. 信任：社会美德与创造经济繁荣 [M]. 桂林：广西师范大学出版社，2016.

㊁ 吴凤. 浅析中日信任文化：基于《信任：社会美德与创造经济繁荣》的阅读 [J]. 青年与社会，2013（5）：163-164.

像散沙一样的社会,难以形成有效的大型组织。

组织协同的内核在于信任,而信任培养是一个长期且缓慢的过程。如何获得有效的信任?一个有效的发展路径便是契约设计。对于企业来讲,契约议题实则是一个战略问题,因为从某种程度上讲,企业本身就是各种契约缔结的集合体。人类协作的障碍根源于个体、组织之间具有不同的目标与利益,但这一障碍可以通过设计巧妙的契约安排来解决。例如,给企业经理人提供合适的薪酬契约能增加其按委托人的利益采取一致行动的可能性,给员工提供合适的劳动关系契约可以提高劳动者的积极性等,契约安排也可以提升各主体的信任感,进而带来协同效率的提升。

在这个巨变时代,个体价值得以崛起,个体力量得以充分释放,唯有充分激活组织中的个体才能创造未来,而激活的关键之"秘钥"在于信任。从这个角度来讲,组织需要培养高度信任感,特别是基于认同的信任,只有基于认同的信任才会给个体信心,彼此"合意"且完全按照利益一致行事。只有在这样的信任文化基础上,每一个创造价值的个体,才可能相互协同,且与组织组合在一起,共同创造价值,获得组织与个体之间的协同成长。同时,万物互联正在发生,组织不仅要激活组织内个体,还需有充分的动力去做外部链接与协同。企业协同绩效的获得,需要到内外部共同寻找答案。

2018年马云指出:"过去14年阿里巴巴每天在做的事情,就是建立信任""每天2400万笔淘宝的交易,意味着在中国有2400万个信任在流转着"。○相应地,京东认为,京东的核心竞争优势

○ 马云. 马云卸任演讲:阿里巴巴的成功在于信任 [EB/OL]. [2013-05-10]. 腾讯科技. http://tech.qq.com/a/20130510/000113.htm.

来源于国内消费者的信任。信任对经济的发展具有重大促进作用，在万物互联背景下，经济平台化、协同化已成趋势，而分享经济的兴起与发展更离不开信任体系的建立。

信任缺失会带来什么？社会学家格兰诺维特指出，"如果没有信任的话，当你买了5美元的汽油时，你甚至不敢把一张20美元的钞票付给加油站的服务员。"绝大多数时候，分享经济背后是典型的陌生人之间的社会交换，突破信任壁垒是共享经济或协同消费的关键。信任就是分享经济下的"货币"，只有当这种货币被接受时，交换才能发生。

万物互联时代的到来以及新技术会带给人们认知的变化。我们很高兴地看到，在一项2018年全球信任度调查报告中[一]，中国国民对公共机构的信任度总体上升7个百分点，达到74%的历史高点。这种信任基础对现在互联网环境下的企业生态联盟、价值网络构建是大有裨益的，是各价值主体之间合作、协同的基础，但遗憾的是，组织内与组织间的信任度还任重道远，这就需要一定的契约设计来进行安排。

《埃森哲技术展望》一改连续三年"以人为本"的主题，2018年以"智企来临：共建新契约，共赢无边界"命名，指出"新技术不断推高消费者预期。领先企业意识到，新的社会预期可以变成企业实力。渗透更广泛、交互更密切的技术促使企业与用户、员工、政府和社会建立深层伙伴关系。通过清晰定义这种伙伴关系，新的企业社会契约也自然产生。在互联社会之中，企业必须与合

[一] 爱德曼国际公关公司发布的《信任度调查报告》，每年1期。在调查中，中国国民对政府和媒体的信任度最高，对非政府组织的信任度最低。

作伙伴和客户缔结新的社会契约关系,为未来开辟一条持续增长的路径。"⊖

契约及其构成

在一场关于未来发展的 5G 技术(第五代移动通信技术)争夺赛中,华为经过 20 多年的努力,在被誉为 5G 商用元年的 2019 年,一骑绝尘。据报道,"2019 年 3 月 15 日,全球知名第三方检测、检验、认证机构德国莱茵 TV 颁出全球首张 5G 手机 CE 证书,刚刚在世界移动通信展 MWC 2019 上亮相的 5G 折叠屏手机华为 Mate X 获得了此项殊荣,成为全球首款获得欧盟公告机构认可的 5G 手机。""基于现网,华为与京东方联合演示了 5G+8K 的实时视频传输,将 200 公里以外地中海沿岸风景实时无时延地呈现在 8K 的高清大屏上。"从全球趋势看,5G 技术不仅关系到顾客智能体验和通信,还在本质上决定了各国进入移动网络下一个发展阶段的优先次序,技术已经成为大国之间博弈的关键砝码。5G 相比于 4G 而言,不仅仅是一次技术的飞跃,更是能将人工智能、物联网等一批技术落地实施,将真正意义上开启万物互联的智能时代。

华为创始人任正非更是将 5G 比喻为"上甘岭",并表示"我们 5G 就是争夺'上甘岭',争夺世界高地。5G 这一战关系着公司的生死存亡,所以我们一定要在这场'战争'中,不惜代价赢得胜利。"华为总裁杨超斌作为 5G 产品线负责人表示,"华为投入 5G 技术研究已超过 10 年之久,在 5G 方面比同行至少领先 12 个月到

⊖ https://www.accenture.com/cn-zh/company-accenture-techvision-2018.

18 个月，累计获得基本专利授权超过 2570 件，已签订了 30 多个 5G 商用合同，40 000 多个 5G 基站已发往世界各地。华为已是全球最大的 5G 设备厂商。"当然，技术和资本对华为发展都很重要，但资源终会枯竭，"华为没有可以依存的自然资源，唯有在人的头脑中挖掘出大油田、大森林、大煤矿……"华为为什么可以做到将 18 万知识员工聚集在一起，后发制胜占领 5G 世界高地？就是因为华为是一家把契约融入文化、制度和体系中的公司。

任正非曾公开表示，华为是华为人的华为，华为百分之百被员工持有。在华为的成长历程中，"以客户为中心，以奋斗者为根本"的核心价值观被写进了《华为基本法》；华为的财富分享与权力分享计划，都是在明确的契约设计中被有效地执行着。设想一下，如果没有华为十几万知识员工的艰苦奋斗，没有完善的契约关系设计，华为无法取得令世界瞩目的成就。华为的发展帮助我们去理解，如果企业把契约关系设计好，就可以得到可持续发展的创造力与机会。

契约的内涵

无论是福山的研究，还是华为的实践，都让我们理解到企业的重要性，那么契约的内涵是什么？企业又如何才可有效地构建契约关系？如何运用契约激发个体价值贡献于组织发展？

契约一词广泛出现在社会学、经济学、政治学、法学及管理等学科中，它的一个**基本内容是各主体之间约定或期待的承诺及协议**，包括精神契约和文字契约。契约的存在几乎可以追溯到人类文明史起点，古代思想家、哲学家也早已开始对契约的研究。在中国，一直就存续着多元而频繁的契约实践，如很多流传至今的实契等。㊀得益于唐朝的商业文明，契约也一直传承与发展，契约之效力如同律法，"民有私约，如律令"。

现代意义上西方契约文明的起点是罗马法，罗马法经过一系列的发展形成以诺成合同㊁为载体的契约自由精神。这种契约精神包含了私人契约精神、社会契约精神等主体部分，以**契约自由、契约平等、契约信守、契约救济**为典型特征。可以说，**契约的出现让冲突与合作得以有效解决成为现实。国家、市场、企业及家庭等本质上是通过契约缔结的，这也是社会有序运行的基础。无论是国家层面还是个体层面抑或其他层面，契约都是一个需要度量的核心。**

科学合理的契约体系设计往往是成功企业所致力追求的。如京东在构建合作伙伴生态时，实施"无界管理"，提出"无界人才""无界组织"及"无界工作"等概念，通过各种契约制度安排，力图搭建"竹林共生"的人才生态平台、组织价值网络。这样导致的结果是，每一伙伴都能清晰明确自己的定位，又能获得及时的人力支持，通过展示自己的独特性而在组织生态中获得无可取代的地位。同时会使得各主体彼此之间信任度增加，更愿意进行价值分享与协同。又如，谷歌在组织内分享与交流中有很好的契约设计，很多员工可以在 Google+ 中进行交流，并与任何层级的公司领导人展开直接对话。这一系列契约设计使得谷歌一直具有较好的创新绩效，占据着全球创新大部分的份额，公司也愿意在研发上投入更多

㊀ 杨国桢. 明清土地契约文书研究 [M]. 北京：人民出版社，1988. 据杨国桢介绍，就明清契约文书的总和，保守的估计也当在1000万件。

㊁ 诺成合同，当事人意思表示一致或"合意"时即告成立，这说明契约的效力完全取决于当事人的内在意志，为现代契约的产生与形成准备了条件。

资源。㊀可以说,谷歌的持续投入是在契约设计基础上对员工、组织的信任而引发的。

契约的构成

企业和员工之间契约关系有三种构成,我们通常了解的是经济契约,另外还有两种契约,一种是心理契约,另一种是社会契约,只有把三种契约结合起来才会真正形成员工与企业的共赢模式。经济契约一般是正式合约,是当事各价值主体明确表示认可和同意的法律承诺。各主体通过正式契约来规定相互之间的权利和义务,确定合作的范围以及合作成员的责任和角色分工。心理契约不是一种有形契约,在心理契约的系列研究中,研究者发现,员工心理契约的主要内容包括培训、工作稳定、薪资福利、公正、信任、安全、协商等。在数字化组织变革的背景下,由于个体价值崛起,个体的独立性与个性化需求逐渐增强,当组织不能履行自己对于员工或是利益相关者的承诺,则会导致违背心理契约的情况发生。一旦心理契约违背,会伤害员工的情感,进而影响组织的发展。

当组织需要和内外部利益相关者进行更加高效、灵活的合作互动时,对方却从良性互动的关系中撤出,这时会因为心理契约的违背导致消极的行为,进而影响企业的绩效。"信不足焉,有不信焉",心理契约的违背,是对彼此间信任关系的伤害。为了构建具有激励性的、完整的、稳定的心理契约体系,组织需要明确其与员工之间的关系是否正确且合适,确保两者之间的沟通顺畅。对于企

㊀ 在 2017 年美国媒体 USA Today 发布的创新榜单中,谷歌排名前十。

业主体来讲，企业需要遵守有利于人类自然发展的最基本的社会准则，需要同时关注企业内部与外部社会契约。前者是经济层面的社会契约，后者是伦理层面的社会契约。企业社会责任的履行，就是企业层面社会契约履行的一种外在表现。

除了经济契约、心理契约和社会契约，在实践中还存在一种"个性化契约"。一项国际 MBA 学生调查显示，超过 30% 的学生都与他们的雇主达成过个性化契约；在美国小型医院中，25% 的护工和医院建立的也是个性化雇用协议。个性化契约是组织与特定成员达成的承诺或协议，该契约突出了与其他员工相区别的个性化的安排。我们可以发现，组织需要关注组织内多元而丰富的契约体系，这个"契约工具包"既可以包括有形的经济契约，也可以包括无形的心理契约、社会契约、个性化契约等。

契约的构成如表 4-1 所示。

表 4-1 契约的构成

构成	主要观点与内容	可能的实践方式
经济契约	激励因素为具体的经济条件，清晰界定，一般属于正式契约	劳动与现实的现金报酬
心理契约	彼此间形成的责任和义务的信念，可分为交易型、关系型及团队成员型	提供培训、心理健康咨询等
社会契约	基于社会责任、义务和交往需要的关系	企业的社会责任实践
个性化契约	与其他员工相区别的个性化的安排	提供灵活的工作时间、特定的工作职责

资料来源：本书整理。

在企业的契约体系设计中，存在一个具有挑战性的问题是，由于外部技术的冲击、环境的变化，组织契约设计关联的主体不再是有限的主体，而可能会有更多的外部利益相关者，契约的内容和形式也将更多元与动态。就现代企业理论而言，组织是一系列不完全契约的集合，也是个体之间交换产权的一种方式。企业的契约安排不仅需要囊括外部的协同价值主体，更要涉及组织内个体与组织的设计，将契约设计嵌入"宏观"与"微观"中，以实现各价值主体之间的共生关系。此外，还有一个观点需要厘清，契约设计的核心不是为了权力、控制，而是为了实现各价值主体之间的共享共生。因为在管理实践中，大多管理者契约安排的出发点在于控制，这其实反而削弱了个体的能动性及创造力。

组织内外的信任

大部分情况下，我们都可以看到一个很有意思的现象，很多企业在抱怨，内部可用的人才少，外部合适的人才难找。甚至一些成功的管理者认为优秀的人才在企业外，要花 80% 的时间去找人。有人问我们：企业可以花费 80% 的时间去外部找人，为什么不用 80% 的时间在企业内部培养人呢？企业所处的阶段不同，所需要的能力不同，以及企业发展战略和业务战略模式不同，相应的答案也会不同。但是，如果我们愿意去寻找一些共性的东西，会不难发现，只要机制设计得好，人才是可以在企业内部冒出来的。**只有两种情况需要企业从外部招人，第一是拓展全新的业务，第二是原有班底无法带领企业摆脱现实困境。**无论是内部培养需要一个好的机制，还是外部招人需要足够的吸引力，其**关键还是企业可否与人才建立信任。**如果不能建立信任，无论是内部人才还是外部招来的人才，都无法建立真正的绩效。

组织内信任

信任是建立在对另一方意图和行为的正向估计基础之上的不设防的心理状态。即信任就是指在明知道可能遭受损失的情况下，还是选择继续合作。经典的囚徒困境实验主要衡量了人与人之间的信任，自该实验之后，信任的研究广泛出现在经济学、社会学、管理学、心理学中。不同的学科从不同角度给予了信任不同的定义，但仔细分析，我们会发现这些定义一般包含两个重要维度：其一是积极预期，即一方对另一方行为意图的积极知觉与预期；其二是愿意承担风险，指即使可能遭受损失，依旧会相信另一方的意图及行为。

信任可以发生在不同的主体之间，比如个体与个体之间、个体与组织之间、组织与组织之间等。信任的建立往往需要很长的时间，在这个过程中，双方互相传递社会交往信号，逐步形成认同。因而，学者提出信任的阶段模型，认为信任可以根据交往依次划分为基于威慑的信任、基于理性计算的信任、基于了解的信任、基于关系的信任及基于认同的信任（见图4-1）。真正的信任是由基于了解的信任开始的，也是由此开始产生积极的效果，读者可以对照看企业内部信任属于哪一个阶段。

费孝通先生提出的"差序格局"⊖理论为研究中国人的信任结构奠定了基础。在个体关系网中，不同的关系类型决定着亲疏远近，也决定着信任程度。于企业实践而言，信任一直是组织管理比

⊖ 费先生采用社会结构分析法指出，中国人的关系格局是亲疏远近的人际格局，也如同水面上由石头引发的涟漪一般，由自己延伸开去，一圈一圈，按离自己距离的远近来划分亲疏，并根据亲疏远近来进行行为选择。

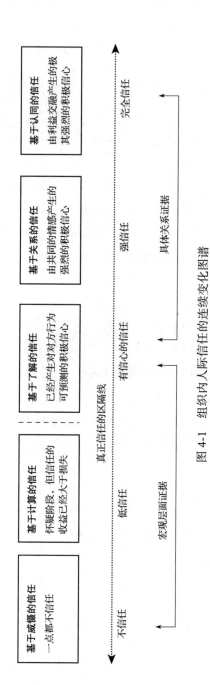

图 4-1 组织内人际信任的连续变化图谱

资料来源：根据 Dietz & Den Hartog（2006）整理。

较关注的点。当内部员工多为"家族成员"且数量较少时,组织内信任会较高。从企业内部而言,当企业的规模与复杂性增加时,很多新成员加入,这会导致组织内信任度下降。这个时候需要进行管理升级与适当的契约安排,这也符合组织发展过程中的正式制度建设的规律。

组织信任的研究也表明,信任可以显著地降低紧张关系,并提升个体绩效、团队绩效与组织绩效。更重要的是,协同的内核和基础是信任。尽管信任因素并不是合作所需的充分条件,但是信任的存在能够降低风险,减少复杂性。㊀同时,我们必须时刻认识到,**虽然经济契约与利益是协同合作的基础,但最为本质的东西是,人们高效合作是因为相互信任,他们拥有相似的道德价值观,遵循相同的道德默契,这种基于认同形成的信任才是组织内外协同的关键。**

"向上管理"和"向下负责"

我们从日常管理的实践中来阐述管理行为,有效管理需要做两件事:一件事是向上管理,另一件事是向下负责,而这两件事的有效开展都紧紧围绕信任。大部分管理者对于管理的思维定势是,管理需要向下管理,向上负责。其实这是一个认知误区,这个误区会导致人们很难获得上下级的信任。因此需要修正我们的思维,否则在管理工作中是很难建立信任的。关于向上管理,德鲁克先生在《卓有成效的管理者》(*The Effective Executive*)中启发我们,"工作

㊀ 陈春花,马明峰. 高速成长企业的内部信任发展及其与控制的关系 [J]. 科技管理研究,2005,25(10):101-105.

想要卓有成效，下属发现并发挥上司的长处是关键。"[一]首先，需要我们主动和上司交流，这样就可以带来双方信息对称，信息对称后才有机会建立信任。其次，要把自己的期待告诉自己的上司，期待是一个什么样的工作状态，以及请求上司回馈和帮助你的事情；同时也要了解上司的期待，上司期待自己做什么，如何做，以及他对于什么行为是认可的。最后一点是最重要的，要发挥彼此的长处。当上下级共同贡献于组织绩效新来源时，信任关系也会有效建立，并形成良性循环。

当然需要我们关注的一点是，向上管理就是要合理利用上司的时间和资源，其本质不是管理和被管理的关系，而是配合、协作以及彼此成就的关系。此外，**作为下属永远不要让上司觉得难堪，永远保护自己的上司，事前汇报或警告，以免其在公众面前受到屈辱；永远要高估自己的上司，而不要低估他，因为高估没有什么风险，低估却会带来反感或是报复；对上司永远不要隐瞒**。虽然信任建立不易，但信任的失去却相当简单。一旦产生某种伤害信任的行为或态度倾向，那信任将会遭到破坏，也难以被修复，所谓"覆水难收"也是表达这层意思。所以，彼得·德鲁克先生还告诫我们，要想成为一个有效的管理者，需要理解上司也是普通人，也存在长处和短处。如果我们可以在其长处上下功夫，既能帮助上司完成其工作，又能在帮助上司的同时带动自己发展。

大家通常关注的信任关系建立，其实在更广泛的层面上存在于自己和下属之间。运用以下这个鲜活的实例，可以让我们更加了解

[一] 彼得·德鲁克. 卓有成效的管理者 [M]. 许是祥, 译. 北京：机械工业出版社, 2009.

什么是"向下负责"。2016年4月18日,有一段"快递小哥被扇耳光"的视频,视频中顺丰快递小哥不小心与一辆车发生剐蹭,车主下车后对他又打又骂,据网友粗略统计共被扇了六个耳光,快递小哥整个过程没有还手……当快递小哥被打的视频曝光后,顺丰集团总裁王卫在朋友圈发文称,"如果这事不追究到底,我不再配做顺丰总裁!"这话掷地有声。顺丰的官方也很快对快递员被打一事做出回应,并且向网友表示已找到受委屈的小哥,并承诺照顾好他,让人心暖,让人心生感动,也让人觉得充满希望。顺丰总裁同时做出承诺:未来也会像保护这位小哥一样,保护所有员工!这就是"向下负责"。

被员工信任是实现"向下负责"的基础,"一线快递员是支撑顺丰的基础,是顺丰集团真正的核心资产!""向下负责"是顺丰的核心价值理念,而且在行动中不断验证他们的行为选择。因此我们才可以感受到顺丰快递专业和敬业的工作态度,可以感受到其提供的便捷的服务,可以明白为什么顺丰员工会细心帮助把货物包好并用心将其固定,无论是白天还是晚上总能认真取件并送达。只有当公司真正尊重员工,给予员工安全感,帮助员工解决困难,坚定地站在员工的立场处理问题的时候,才能营造一个信任的环境,获得彼此信任的长久合作关系。很多人以为顺丰快递员工的工资高,所以才会有以上的专业精神和工作态度,直到这件事情发生后,很多人才明白顺丰员工是一定可以做出这样的服务水准的,因为他们有一个好总裁。管理者向下负责,为员工营造了安心工作的环境,保障了彼此之间良好的信任关系,因此顺丰的快递人员就成了企业的核心资产。

协同的内核在于

信任

....

协同的方法在于

契约设计

在组织管理中，我们要突破传统的"中国式"信任格局，需要在"概化信任"上找到信任的基础与方式。信任不应该仅依赖于血缘、亲缘、学缘，更应该依赖于核心的价值观、心与心的连接。我们发现，虽然家族企业之间的内部传承可以有效地解决信任问题，但是依然有很大的局限性，而邀请职业经理人、外部管理者又需要做好信任的安排。因而，我们要找到构建信任的突破口，如开放信息，做到信息对称。人们拥有对称的信息，才会感受到安全和被信任，才会被激发主动性与创造性。因此在协同管理时代，信任将会成为重中之重，由于个体价值得到崛起，每个人都努力去追求实现个体价值。而个体的价值呈现需要获得群体认同。如果个体不能获得群体认同，就不能形成信任，因而个人价值也将无法有效呈现。个人价值、群体认同、信任成为相互交织、促进个体与群体共同成长的重要元素，认同是组织内外有效协同的基础。

组织间信任

而从外部环境来讲，在网络式组织兴起的情境下，为了降低交易成本与防止机会主义行为，也需要建立组织间信任，网络式组织形成的基础也正是依赖结点间的信任。信任一直是我们为了更好地协作而付出的最大成本的因素，各类的法律法规、合同、契约、约束机制等，其实都是为了审核信任、发展信任，以及获得信任。

特别是在互联时代，信任的主体在不断扩大，不仅组织内个体高度互联，需要信任支撑，组织外的价值网络生态，也要求高度信任以协同成长。组织间信任能很好地降低各主体因不确定性和依赖产生的投机行为。生态网络体系有效运作的核心也在于信任,现在很多企业都在构建生态链、价值网络,只有建立信任后带来的资源或信息输送,才能有效帮助单个企业克服"能力困境""资源孤岛""信息孤岛"等。

在生态链构建的不同阶段,组织间信任也可能呈现出动态性、阶段性及多维性等特征。一般情况下,生态链或价值网络在发展过程中可能逐渐形成"资源互补""行为依赖""竞争相依"及"共生相依"等阶段,生态链的信任类型和信任度可能会因此而变化(见图 4-2)。在巨变的时代,企业遇到前所未有的挑战,我们最为关注的是,企业利益如何与外部利益相关者结合起来。但是当我们不做契约管理时,仅仅基于内外利益相关者的信任,它们之间是不可能结合起来的。

在巨变的环境下,信任成为组织应对未来、创造未来的关键,信任愈发成为一种能为组织带来持续竞争力的有价值的、稀缺的、难于模仿及可能无法替代的资源。为什么信任如此重要?今天的组织管理,不仅表现在企业内部组织形态上要转型为个体高效互联的网络式组织,同时还表现在企业在外部也处于由多个组织构成的价值网络中,网络式组织与价值网络有效运作和协同的核心就在于信任。因此,需要构建组织内和组织间的信任。

我们团队持续进行了 10 多年有关信任的研究,在最近的一份研究[一]中,通过对包含 586 个效应值、110 576 个独立样本,总样

[一] 苏涛, 陈春花, 崔小雨, 等. 信任之下, 其效何如: 来自 Meta 分析的证据 [J]. 南开管理评论, 2017 (4): 179-192.

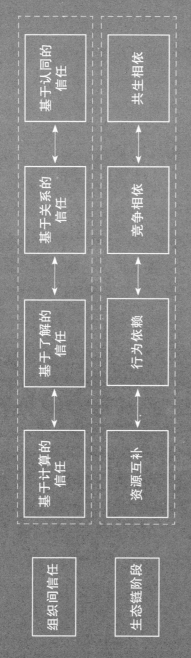

图 4-2 组织间信任的变化图谱

资料来源：本书整理。

本量达126 819个的238个独立实证研究的梳理以及Meta分析，回答了"信任之下，其效何如""在不同层次，信任与绩效的关系是否存在同一性""垂直距离对信任与绩效的关系有何影响"这三个在以往研究中并未得到解答的重要问题。我们构建了自己的分析框架（见图4-3），经过分析和研究得出了以下几个结论：

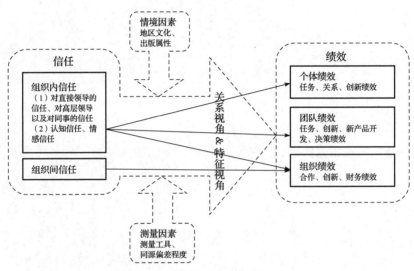

图4-3　信任与绩效关系Meta分析的理论框架

信任能显著地促进绩效。在组织内，信任对团队绩效的促进作用尤为突出，而在组织间，信任对组织绩效同样有较强的促进作用。无论是在组织内部还是组织外部，信任均可以作为绩效的有效预测指标。当观测到较高的信任水平，那么较高水平的个体、团队、组织绩效将是可以预见的。而且，在组织内部，在团队层次运用信任机制更为有效。而在组织外部，营造组织之间的信任关系，也是提升合作双方绩效的有效方法。

在个体、团队和组织这三个不同的层次，信任对绩效的促进作用高度一致，即**信任对关系类、创新类、任务类绩效的促进作用依次减弱**。需要注意的是，在目前以任务、结果为导向的管理实践中，任务类绩效依旧是绩效评估的核心组成部分，某种程度上它甚至等同于绩效。信任对关系类绩效的促进作用更强，而对管理者重点关切的任务类绩效的促进作用并不是非常有效。因此，在当前仍然以结果、任务为导向的管理情境中，信任的实际效用需要引起警惕。

信任双方的垂直距离越小，信任对绩效的促进作用越强。这意味着，在企业实践中，为了让信任机制立竿见影，**信任关系的培养应该遵循自下而上的顺序。相比于培养员工对于其主管、部门经理以及高层管理者的信任，从水平层级着手营造员工与同事之间的信任关系对提升员工自身的绩效会更为有效。**

有关信任的持续研究，让我们更加确认信任所带来的协同效率以及由此而产生的绩效，因此我们需要回答如何构建组织内外部的信任这个问题，我们首先从建立基于契约信任的基本原则入手。

基于契约信任的基本原则

有一组数字让我们惊讶，日本调查公司东京商工研究机构数据显示，全日本超过 150 年历史的企业竟达 21 666 家之多，而在 2020 年将又有 4850 家满 150 岁，2023 年将又会有 7568 家企业满 150 岁……而在中国，最古老的企业是成立于 1538 年的六必居，之后是 1663 年的剪刀老字号张小泉，再加上陈李济、北京同仁堂

药业以及王老吉三家企业，中国现存的超过 150 年历史的老店仅此 5 家。⊖

惊讶于这组数据的同时，探究影响日本企业长盛不衰的因素成为很多学者关注的话题，我们相信影响因素一定很多，但是其核心的影响因素有三个：专注、长期主义、家社会。在三个核心要素中，最关键的是日本企业是一种家社会企业。所谓家社会企业，是指一方面要照顾家庭成员，另一方面要照顾员工的利益，而员工利益长期保障的契约机制的建立，让日本企业能够长盛不衰。我们必须明确的一点是，长期信任（基于契约的信任）在企业持续发展中不可或缺，其关键在于如何将信任在组织内外有效建立。

福山研究中列举了一个例子，王安实验室的营业收入在 1984 年就达到了 22.8 亿美元，雇用人数也超过 32 万，一度成为波士顿地区最大的雇主，这成为 20 世纪 50 年代人们津津乐道的新一代高科技企业的成功案例之一。在 1980 年公司领导人代际传承之际，由于王安坚持让其在美国出生的儿子接管公司，并且在地位上远远超过多位资深经理以及公认的接班人约翰·康宁翰，因而引发了经理人的纷纷离职。在王安儿子接管后的第一年，公司出现了首次亏损。90% 的公司利润在四年后消失，1992 年，公司不得不申请破产。王安实验室的失败正是源于对非血缘关系经理的不信任。如果王安能够突破自己的"信任孤岛"，将对"血缘亲缘"的信任迁移至对"非血缘亲缘"的信任，引入"契约精神"，结果可能会完全不一样。

⊖ "转型投资家"微信公众号，2019-05-06。

中国企业中，最具有代表性的就是华为公司。华为国际咨询委员会顾问田涛就指出，"华为与员工之间是一种契约信任的关系，不会用感恩或者情感作为纽带。"华为建立了有效的契约信任关系，这是华为文化中刚性的部分，正是因为有了这个部分，才有了今天的华为。

从华为契约设计的角度来看，企业需要关注正式契约，这是组织容易影响与控制的内容。正式契约也是战略联盟管理领域关注的重点，在企业组成的价值网络中，**正式契约可能是早期信任形成的基础，也是价值网络得以延续的关键**。企业设计正式契约时，一方面要考虑其制度刚性，另一方面要关注非正式契约的影响。对非正式契约的关注与满足很可能缓解正式契约的刚性弊端，并成为与正式契约互补且增进主体间信任的重要机制。**非正式契约带给主体的影响是，能够增进主体之间的满意度、承诺感及认同度，牢固的心理契约关系使得主体之间形成高承诺的关系，个体会得到充分激活**。因此我们认为，基于契约信任有一些基本原则需要遵循，具体如下。

持有各主体平等协作的理念

认可契约缔结的各价值主体在身份上的平等，契约完成需要各价值主体充分参与，且契约体系需尊重所有主体的自由意志。首先，契约应该隐含各主体的地位平等，他们是彼此互为主体的价值主体，不存在主客体关系，你是主体，我们也是主体，我们是共生的。因为环境的变化要求组织重新定义协作，组织的线性协同模式需要转向为跨组织的多维协同模式。这也表明多主体协作下契约的方向是制造更多的信任、更好的协同及更开放的价值共创系统。其中一方不会因为另一方的权力而改变自己的自由意识，可以说，契约关系平等、互为主体是契约最内在的要求。

同时，契约应该是在相互意见一致的基础上达成的"合意"，在这种基础上建立的契约才会对所有主体具有约束力，才会让所有主体自发、主动地完成契约内容。虽然各价值主体在具体目标上可能存在差异，但其自由意志下的行动最终会体现共生的理念，这也是协同的基础。契约的设计一方面要使得人们能够自由选择各自行动，另一方面需要避免出现各主体都不期望的结果，契约的约束条件也要充分反映各主体平等协作的理念。

技术穿透保障契约机制

建立契约信任机制需要考量数字化时代及快速更迭的技术背景，采用科学合理的技术方式，让技术穿透于契约设计中。 现在数字化技术、自动化程序、区块链技术等大量更迭出现，为信任机制的建设提供了"信息无疑"的保障。例如，《经济学人》（The Economist）在总结区块链功能时强调，它是一台创造信任的机器。区块链⊖在信任制造上非常高效，因为它创造了一种新的信任体系，它给我们带来了技术信任，有潜力改变人们和企业合作的方式，也能带来更强的契约精神。区块链技术学派认为，智能合约可以解决不完全合约的问题，进而全面改写组织与个人之间的合约关系。虽然解决不完全合约的判断可能属于乌托邦，但该技术可以让我们无

⊖ 区块链体系带来去中心化分布式的记账技术，区块链能在任何时候证明某人拥有何物，而且包含了任意一个流通中的比特币的交易历史，可以提供不可篡改的例证。

限接近完全共享、完全合约状态。

技术给契约设计带来的积极变化包括两个方面：一方面，技术的创新应用重构了组织与各合作伙伴之间的价值关系，催生出更多元的数字化生态。数字化转型、云计算、大数据、互联网等使得企业之间的关联日趋紧密，生态链、生态网络等开始涌现。小米的生态链建设中，采用"竹林生态"的模式，作为根系为生态链公司提供养料，输送产品方法论、价值观、共享数字、平台资源等，而生态链公司则创造高性价比的产品，反向增加小米生态能力，二者互为"价值放大器"。据悉，小米生态链 2017 年销售额突破 200 亿元，而且可穿戴设备市场占有率第一，小米还接连斩获 iF 金奖、Good Design best 100、红点 Best of the best 三大设计大奖，实现工业设计大满贯。小米和生态链合作伙伴的价值关系得益于技术，反过来也促进了各行业产品、模式的"颠覆式"进步。另一方面，技术能确保各个主体在信息上平等，而且可以尽可能地利用一切信息资源。交易的基础就是信息，技术给契约信任的裨益是它能使数据对所有主体公开，整个系统信息高度透明，这能提升信息获取的及时性、全面性及准确性，有利于提升协作效率，降低交易成本。

使各主体在感情和精神上紧密相连

对于契约缔结的各主体，组织内、外成员需要辅以充分的情感、精神支持。组织信任既来自信息透明，又源于情感因素。数字技术能解决的是"不信任"的问题，信任与不信任是两套具有显著差别的心理与认知决策活动。主体间信任的基础在于对被信任方能力、善意及正直的评价。从这个角度上说，技术手段只能保证信息透明、主体能力，而不能确保对被信任方的情感评价。研究者指出，技术（如区块链）确实能改造组织信任问题，但它本质上是通过有保障的不信任，即通过技术编程设计去除不信任因素而影响组织可信度，很多情感性因素基本无法用编程来实现，因而，信任的进阶需要进行"心灵管理"。[○]

各主体之间的协作应该是心与心的交换，心与心的托付，这样才能在契约的联结下，真正达到信任，真正地围绕顾客进行价值创造。可以说，今天企业家面临的最大挑战，不在于技术而在于心性。在现实中，我们也会发现，很多企业家并不完全关注技术支持下的正式契约，而会更加依赖心与心的交流。社会上兴起的"致良知"学习就是各主体希望建立心链接的反映，网络的价值在于链接，而链接的核心便是心与心、精神上的链接，而不是完全基于契约、利益的链接。使各主体在感情上、精神上、心上紧密相连可以更好地保障契约信任感。

设计柔性系统的契约体系

"至刚易折"，在有限理性、环境不确定性及信息不完全性的前提下，柔性灵活的契约体系显得尤为重要，这也启示，"柔性"这一元素需要考虑到契约的设计中。契约体系的柔性表现在契约缔结的某一方不能按时、按量、按质递交产品或服务时契约会被重新协商，柔性契约的目的是使各主体能适应环境的变化。研究者发现少量契约柔性盛行于全球，柔性实践出现在供应链管理、外包及现代

○ 鲍勇剑，袁文龙，董冬冬. 区块链改造组织信任 [J]. 清华管理评论，2018
（10）：50-63. 鲍勇剑等认为，区块链的契约活动可以解决"不信任"成分，但是弱于解决"相信"成分。

网络组织中。如在价值网络的契约关系中,存在着许多不同方式,由于可能存在短期或长期频繁交易,缔约主体企业时常与同一参与方以柔性方式约定重复联盟。但是,也需要注意,柔性是为了更好地应对环境变化,而不能成为主体机会主义行为通行的方便之门。

契约体系的系统性表现在契约设计不但要关注正式契约,也要将非正式契约嵌入契约体系中。比如心理契约,组织间关系除了正式的契约关系的期待外,还有些未公开说明的相互期望。有些时候,心理契约的作用甚至比纸面契约的作用要大,不少研究也表明,心理契约有助于维护组织间关系,而且能培养信任感,进一步推进合作。在契约设计中,组织需要进行文化管理、价值观融合,只有"软"性的内心期望与互信才能有更大的契约激励作用。柔性系统的契约体系设计可以依照信任发展路径而确定(见图4-4),根据不同的信任阶段细化不同的契约方案。

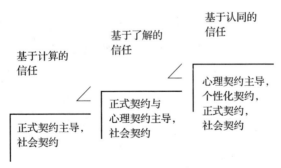

图4-4　基于契约信任的阶段模型

确保实现各主体的价值创造、价值评价与价值分配

契约设计的最终目标是培养、创设信任感,进而实现整个契约

体系下各主体的整体多利性以及自身合理的价值分配。契约信任的最后一个基本原则就是使得价值网络各主体之间能高效协同，而这其中最为关键之处又是要建立符合各主体心理预期的价值创造、价值评价与价值分配机制。这一套契约设计需要以主体的价值创造为基础，各价值主体的报酬结构根据其相应的价值创造而进行价值评价，进而提供与投入、贡献等相匹配的收益方案。信任来源于这一整套的价值创造、价值评价与价值分配过程，在价值网络之间形成"互为主体、资源共通、价值共创、利润共享"机制是促进信任形成的关键因素。

这一原则启示，**契约设计的过程中需要注意以下三点：其一，充分尊重各主体的身份平等性**，在此基础上，依据风险承担、价值创造、互惠互利的标准对各价值主体进行评价机制的设计；**其二，价值评价与价值分配要有一致性**，在达成共识的价值评价上，按照公平、公正、公开原则，依照原始的共同约定的价值分配方案执行；**其三，整个价值过程需充分考虑契约主体之间的关系性，因为信任不仅来源于制度保障，更是一种情绪感知**。要充分结合各主体之间的关系来设计契约体系，综合利用正式契约与非正式契约，从而以契约组合的方式推动价值创造、价值评价和价值分配的良性循环。

| 第五章 |

组织内协同

▼

企业的组织就像是一幢房子,当一个组织变大时,房子中的墙和门就增多,这些墙和门会阻碍部门间的沟通和协调。而为了加强沟通和协调,你必须把这些墙和门拆除。

——杰克·韦尔奇(Jack Welch)

著名管理学家、组织管理理论研究奠基者巴纳德很早就提出，"组织是两人或两人以上，用人类意识加以协调而成的活动或力量系统"[一]，它是一个协同或合作系统。在组织中，人的行为或活动相互作用。巴纳德在确定组织定义的时候，就关注到协同的重要性。他提出，协同的意愿是组织得以存在和发展的关键三要素之一，另两个关键要素分别是共同的目标与信息沟通。组织管理的逻辑就是通过充分的沟通与交流，使得组织共同目标与协作意愿能够较好地融合在一起，各组织成员协同完成组织目标。

在数字化共生时代，企业需要做出有效的选择以实现协同。而其中，组织结构的重组是实现组织内协同的关键一步，在此之后，组织内个体会有更清晰的责任和角色认知。重塑的责任体系和角色认知帮助组织员工在心理、思想和行为层面去认同和实施协同。在

[一] 切斯特 I 巴纳德. 经理人员的职能 [M]. 孙耀君，等译. 北京：中国社会科学出版社，1997.

责任与清晰的角色认知下，个体还需要有更多的适应性行为，才能更好地适应外部环境与组织结构、战略调整，并促进组织内协同。**为了更好地构建组织内协同，我们就需要激励价值创造而非考核绩效。**因而，我们需要构建新的价值体系以更好地提升组织内协同。

在腾讯内部，有一种管理模式是"赛马机制"，它的本质就是团队之间的相互竞争，最后将资源对优质团队进行倾斜，这种机制使得腾讯优秀产品频出。微信就是该模式产生的产品，由广州邮箱团队研发。赛马机制在很多互联网公司也发挥了重要作用，它能高效率地催生出现象级产品。赛马机制在解决某些问题上的确具有重大的突击力与创新力，但其带来的负面影响也同样值得深入思考。赛马机制首先造成了大量的资源冗余与浪费，很多赛马者高估了创业的成功率，他们的大多数项目并没有很好的成果，这不但造成了资源的浪费，而且造成了赛马者的心理创伤，可能对后续工作造成影响。

赛马机制使得各团队之间信息隔离，形成"信息孤岛""知识孤岛"和"资源孤岛"，有效的知识、资源得不到充分的利用。例如，在A团队内已经具备现成的成果或知识，但B项目团队对此不知，还需要重新开发。如果赛马机制不能持续地产生新产品，那么这种模式会造成越来越多的资源耗费。其实，在与腾讯高管内部的交流中，我们发现，腾讯内部也开始重新审视赛马机制的问题，开始组建专门的团队去探求协同与竞争的合理分配，并追求更好的协同效果。

2018年年底，腾讯高级执行副总裁汤道生宣布在"云与智慧产业事业群"（CSIG）放弃实行赛马机制，"这次的调整，就是想原来不同的团队融合在一起，有更清晰的方向，大家一起合力为行业打造解决方案。"⊖在赛马机制已有如此多成功案例的情况下，腾讯内部都开始转向组织内协同，这让我们感受到组织协同的重要性与迫切性。而很多企业的实践，让我们得出一个判断，在今天核心不是分享，核心是协同。只有通过不断地协同，做出相应的知识分享，协同的效率才更容易产生价值。在今天，"金字塔"式的组织结构不断向扁平化演进，诞生了很多新型组织结构，这些新型的组织结构，究其背后的驱动因素，其实都是为了调整协同，调整组织的柔性能力，以获得更高的效率。

组织结构重组

在互联网时代下，组织发生了很多变化和创新，很多人都逐渐意识到组织协同的重要性，更高效进行价值创造需要依赖于协同的效率，而协同的关键需要找到组织变革的新方向。从2012年开始我们就关注一个这样的话题，即在不断更新的互联网技术之下，组织的新形式到底是什么？我们走访了23家企业，对每一家企业都做了交流和深入的研究。这些研究让我们深深感受到：大部分企业都展开了非常多的变化和调整。

比如，去**海尔**做研究时，我们发现海尔对自己的组织形态进行了非常大的转型，为此，海尔创造了一个模式——**"人单合一"**。人单合一模式最大的价值是什么？让一家大型制造企业拥有个性化

⊖ 界面新闻. 专访汤道生：腾讯新事业群 CSIG 将不再使用"赛马机制"［EB/OL］.［2018-11-02］. 腾讯科技. http://tech.qq.com/a/20181102/008845.html.

定制能力。在今天互联网所引发的强调客户体验价值的市场当中，一家大型制造企业如何去满足这个变化和需求，是一个非常迫切需要解决的问题。海尔从组织形式做出创新，来回应这个变化，并获得了业绩的持续增长。正是海尔在组织上的创新有效支撑了海尔"网络化战略""用户乘数""智能互联工厂"等战略目标。在哈佛商学院的课上，张瑞敏指出，"当年我们砸了冰箱，现在我们砸了组织，我们砸组织这个举动比当年砸冰箱要艰难得多，而且意义深远得多。"这一系列操作也挑战和颠覆了许多经典管理学中的组织思想和管理原则，组织模式的调整使得海尔在大协同时代更有战斗力。记得在一次与张瑞敏交流的会议上，张瑞敏讲过一个故事，早在1992年，GE来到中国寻求购并中国公司，其中一个是海尔，但是海尔仔细分析后，决定不接受购并的选项。过了24年，在2016年，海尔反而兼并了GE白色家电业务，并向它输出"人单合一"模式，带领GE白色家电业务实现营业收入与利润的恢复性增长。

华为的实践。华为在今天已经是家喻户晓的全球领先企业，它能取得今天的成绩，是源于早在创业初期就设计了自己独特的组织模式——**财富分享计划**与**权力分享计划**。这样的组织机制设计，帮助到华为的员工既可以获得绩效的分享，又可以因为授权而激发出极大的满足感和创造力，因此推动华为事业的发展。为了适应技术与环境的要求，华为的组织结构也在不停地"微调"。华为强调"没有成功，只有成长"，跟随外部环境进行组织调整与战略变迁。比如，因为行业变化与技术创新的要求，华为对董事会原有的四大委员会（战略与发展委员会、人力资源委员会、财经委员会和审计委员会）做出了适当调整，将战略与发展委员会的权力下沉至各事业群或事业部（BG/BU）的执行管理团队（EMT），将人力资源委员会与财经委员会合并至平台协调委员会，而审计委员会依然保持独立，并且高度集权在集团。

这种调整使得华为能更好地从管控型转向服务与支持型，也让机关能更好地与一线协同作战。任正非强调，在华为的数字化转型中，平台部门要打开大门，要保障信息的透明、公开与共享，让业务组织一同进来协同作战。华为这一系列的组织调整都是为了更好地发挥各个单位的协同力，并辅以数字化及技术手段，逐步优化组织与协同工作的力量。

温氏集团的"公司＋农户"模式。温氏作为一家农牧企业市值超过2200亿元，为什么有如此高的市值？温氏走出了一条新模式之路，即把56 000个家庭农场链接到一起，进行可视化、集约化管理，同时分布式作业，解决了农业中挑战最大的几个要素：成本、土地规模的有效性，以及食品安全。温氏在创立之初，就把公司设立成一个基本的平台模式，为农户提供养殖方案、饲料，农户养好的猪、鸡回收，再帮助农户销售出去。一个镇的农民都在与这家公司合作，使得它成为一家市值最高、养殖规模最大、最具发展能力的农牧企业。

与温氏股份董事长温志芬交流时，他介绍说，温氏早期就知道企业想做大，不能仅仅靠自己，更要协同发展。因此，温氏一开始就选择了"公司＋农户"的模式。经过一段时间的发展后，这一模式升级为"公司＋家庭＋农场"，核心是实现农民与公司的双赢。温氏的组织调整都是围绕着顾客,以平台的方式去提升协同力。同时,温氏保持高度的开放,并构建高效的利益共享机制,这堪称共享经济的原型。在温氏内部,用温志芬董事长的话说,"让所有创业人员都感觉到我们不是被雇用的,我们自己就是老板。这样一来,大家进公司工作的时候会非常卖力。"从温氏的发展中,我们也看到,温氏关注所有人的利益,当协同更能贡献组织绩效的时候,与所有利益相关者价值共创、共同成长变得尤为重要。[一]

组织结构本质上是组织内关于责任、权力关系的一套形式化系统,它清晰地讲明了工作如何分配、责任权力线及内部协调的机制。组织内成员的竞争与协同本质上受到组织结构的影响,也正因为此,组织结构常常会因为各种影响因素而做出调整。互联网技术的发展,导致组织结构必须能够适应协同的要求,因此,组织结构面临着优化与调整。那么,组织结构应该如何调整呢?在传统的组织结构设计中,有几个基本要素需要关注,即分工及角色、工作专业化、部门化、管理幅度、集权与分权、正规化及命令链等。组织结构要素的整体设计能界定每一组织成员的权责角色,再通过一定的协同与控制,组织效率与绩效就能提升。从组织结构设计的发展来看,企业界依次选择了泰勒制、福特制、丰田制与海尔制。

泰勒制的原则是分工,将劳动分解为若干单元,以科学理性层面来管理企业。而福特制在泰勒制的基础上增加了流水线作业,但核心还是分工。相比较于福特制,丰田制有了较大的进展,提出了

[一] 陈春花,赵海然. 共生:未来企业组织进化路径 [M]. 北京:中信出版社,2018.

"精益生产"的概念，而精益管理的核心却是需要组织成员之间的协同。因而，丰田公司开始设计团队合作，让工人、技术人员和管理者紧密结合，通过柔性的方式及时对顾客需求做出反应。海尔制的核心是人单合一，充分结合了开放与共享的原则，让员工能将自身价值、顾客价值与企业价值结合在一起，通过组织成员间的协同来创造价值。

泰勒制与福特制强调分工，丰田制在分工的基础上开始强调协同，它们的组织结构都以科层制为主。海尔制则直接强调协同，它围绕满足用户价值这一目的，将各种资源组合在一起，淡化组织内及组织与市场之间的界限。海尔制的组织结构基础是自主经营体，这与科层制有着根本的不同。海尔制的组织结构也使得工作专业化、部门化、管理幅度、集权与分权、正规化及命令链发生了较大的变化，新型的组织结构并没有强调部门化、正规化和命令链等，而是增加了协同合作、共享共创等元素。我们虽然不能精准地预测协同下的组织结构的全景，但我们知道，从组织结构的变革历程来看，其核心思想经历了由分工到协同的过程。

企业已认识到，科层制的组织结构需要被打破，新的赋能的组织结构需要被构建。组织结构重组不再以企业为中心，而是以顾客需求和用户价值为中心。组织结构重组的结果要使得组织员工有更好的热度、资源和能力去满足顾客的需求。

首先，组织结构的重组应该能适应未来环境。组织的发展离不开与环境的资源交换，制度、文化和社会要求等环境都会迫使组织结构做出改变。战略学者们的研究发现，科层制的盛行不仅仅是因

今天的组织需要

灵活性

非结构化

划小单元

去中心化

使得组织重焕活力

为其本质的科学性和效率性，也有很大一部分原因在于其他很多企业都采取了科层制的结构。他们发现，如果企业自身不采取这种组织结构，将被社会认为不具备"合法性"，会降低自身的生存和资源交换能力。

其次，组织结构必然要反映战略。一般情况下，战略发生变化了，组织架构也必然随之调整。从腾讯的发展中，我们也能看到这一点。根据业务和战略的要求，腾讯的组织结构依次经历过职能制、多业务职能制、业务系统制及事业群制，这些组织结构的调整都是为企业战略而服务。正如著名管理学者钱德勒（Chandler）所说，"战略决定结构，结构跟随战略。"

最后，组织结构的重组必然要符合协同的要求，例如组织结构共享化、去中心化、无边界化。**今天的组织结构更需要灵活性和非结构化，传统的科层制对环境及顾客需求缺乏一定的反应力与竞争力。而组织结构的划小单元、去中心化等能使得组织重焕活力，使个体充分激活。**在现在的管理实践中，我们观察到很多企业开始"阿米巴化"，划分最小的经营单元，例如太阳能发电行业的领军者天合光能的"平台+创团化"变革、韩都衣舍的"大平台+小前端"及海尔的自主经营体等。

组织结构设计最根本的原则就是以顾客为导向，为组织员工提供服务支持、资源供给、价值评估与愿景激励。在这样的组织结构体系中，信息流向不能再是单向的，或是双向的，更应该是一种网状的。在功能表现上，组织能建立起跨团队、跨部门的正式和非正式的联系，构建基于信任的目标共享体系。

责任与角色认知

讨论组织内协同，需要面对的第二个问题，就是组织内员工责任与角色的重新认知，也就是组织内员工责任和角色的认知得变。在组织协同中，责任和角色认知是非常重要的基础元素，这与传统的组织理论一致。泰勒的科学管理原理以分工为基础，并通过分工使员工获得相对稳定的责任体系，这些责任体系推进了组织员工绩效的获得。传统的组织结构是基于分工展开的，因此固化的角色和权力带来了组织的稳定，但是也因此导致部门之间的不协调，以及过度保护部门利益的情形出现。因此需要改变对责任、权力与角色的认知，只有变了才可以更好地实现组织内的协同。

在组织管理中，个体都是有自由意志的，然而，一个完全自由意志的个体不会实现他的自由意志。因为，个体在不断释放、放大自己的自由意志时，必然会对其他人造成影响，也受到其约束与冲击，因而满足很短暂，过程很痛苦。巴纳德认为，人的行为本质上是一个有节制的选择，要求个体与别人合作。为什么个体会有这样的自律行为？是因为个体能在责任与能力之间找到一个边界。也就是说，为了实现个体的自由意志，他需要与别人合作，如果他不与别人合作，整个过程都是痛苦的。所以，协同反而会更好地满足个体的自由意志。

如果能按照整体目标与成果的要求，调整每个人的动机与行为，协同体系就成了"正式组织"。所谓正式组织，就是有目的、有意识地对两个以上的个体行为进行调整，由此产生的协同体系，这也正是巴纳德对于组织的界定。在协同体系下，各种因素应运而生，如价值观和文化、行为规则、责任体系和角色认知等。在这里，一个自由意志的人开始有了社会元素，开始了解并遵从与别人的约定。⊖

要了解一个人的行为，需要弄清楚他扮演着什么样的角色及承担什么样的责任。在组织变革前后，由基于分工获得责任体系转变为，为完成整体责任而必须产生的协同，这也是组织结构需要进行重组的重要原因。组织协同需要员工认识到，协同不仅是要完成自己的任务和目标，还要帮助并协同完成其他人的任务和目标。基于分工理论，原来的分工体系通过专业化和等级制度极大提升了组织效率。现在的协同体系则基于协同理论通过合作和协同产生"1+1>2"的效果，以此提升组织整体效率。从价值贡献来看，分工贡献的是局部价值，而协同贡献的是整体价值（参见表5-1）。

表 5-1 分工体系与协同体系典型特征对比

	分工体系	协同体系
核心内容与理论	分工理论，分工与专业化提升效率	协同理论，"1+1>2"，协同提升效率
责任	独立分散的责任体系	合作协同的责任体系
角色认知	基于分工、独立的角色，完成自己的任务和目标	基于合作、协同的角色，除了完成自己的任务和目标，还要协同完成其他人的任务和目标
价值贡献	贡献局部价值	贡献整体价值

资料来源：本书整理。

在企业实践中，透过很多案例的观察发现，基于协同的责任和角色认知将贡献更多的价值。例如，在人力资源管理上，华

⊖ 切斯特 I 巴纳德. 经理人员的职能 [M]. 孙耀君，等译. 北京：中国社会科学出版社，1997.

为、腾讯、阿里都倾向采用人力资源三支柱，即人力资源业务伙伴（HRBP）、专家中心（COE）和共享服务中心（SSC）。很明显，三支柱之间需要协同才能发挥价值。人力资源业务伙伴需要懂得人力资源知识，也要了解业务，时刻与业务部门协同。专家中心需要利用专业知识与战略协同，能够积极推动变革，构建组织能力，它一定是与组织多部门一同工作。共享服务中心更是为了知识分享和协同而存在，共享事务、共享资源，以技术、数据为基础实现组织内协同。

在与腾讯高层管理者交流中，我们了解到，腾讯为了解决组织内部的协同问题，在 2017 年进行了一次大的组织结构调整。腾讯将"云与智慧产业事业群"（CSIG）独立成事业群，用以极大推进业务协同及相应责任体系的建立。比如，原来一个客户可能与多个团队进行合作，在采购产品时也会有多份不一样的合同，各团队都是一个分散的责任体系。但是在协同后，各个团队组建在一起形成了一个界面的服务，即形成了一个协同的责任体系。腾讯打通多个产品整合业务流程，并以一个界面去服务，能让客户更放心，也使得顾客服务效率得到极大程度的提高。同样，腾讯的平台与内容事业群（PCG）部门调整亦是为了推动内部协同，对社交平台、内容产业及技术进行融合，并形成利益上的捆绑。

在华为，有一个"铁三角运作"⊖，它是一个混合型队伍，有效

⊖ 该模式原型来自于华为在北非地区部的苏丹代表处。华为在总结苏丹的合同失利时提道，信息沟通不顺畅、对客户承诺不一致、需求反应慢等是投标失利的重要原因。为此，华为开始组建针对特定客户（群）项目的核心管理团队，团队包括客户经理（AR）、解决方案专家/经理（SR/SSR）、交付专家/经理（FR），亦被称为"铁三角"。后来，铁三角被华为逐步地完善。

地避免了单个人能力和意愿有限的问题，这里面管理的核心就是通过合同财务指标、客户满意、卓越运营这三个共同目标围绕客户协同完成工作，铁三角是组织内协同的典型代表。任正非认为，"铁三角并不是一个三权分立的制约体系，而是紧紧抱在一起生死与共，聚焦客户需求的共同作战单元。"

京东非常关注技术的作用，刘强东甚至认为，未来只有三样东西——"技术！技术！技术！"而技术之下最为本质的就是整合和协同，通过技术展开充分的数据、知识、资源共享与协作。《京东人事与组织效率铁律十四条》指出，"跨部门协同各方必须主动分享其他部门可能会用到的相关数据，包括资源投入、项目进展、业务管理或其他需要参考的关键数据（除涉及敏感数据外），以实现信息分享透明化。"⊖京东还要求管理者时刻与下属协同，保持战略与资源的开放性。京东认识到，组织内协同才能最大程度地进行技能互补、资源互补、智慧互补，才能更好地发挥协同效应，创造更大的顾客价值。

因应技术带来的变化，企业要有更大的柔性、更高的效率，并给员工更多的成长空间，因此企业内部必须是开放的、社区化的组织形态。当组织内部形成一种共享合作的组织结构时，个体的角色认知变化主要体现在：单个责任角色与多个责任角色之间的不同。在传统的分工理论下，个体的责任体系来自于自身的角色。他的认知就是把自己的分工角色做好，也就是完成自己在岗位上所被期待的一系列的行为模式。但**在今天，组织结构和流程发生变化的情**

⊖ 京东人事与组织效率铁律十四条［EB/OL］.［2018-11-02］. 搜狐科技. http://www.sohu.com/a/235819293_99922725.

况下，个体扮演着多重角色，不但要做好自己的工作，还需要配合别人协同做好多个任务。为了更好地与别人产生协同，个体还需要克制自己的欲望与行为。协同的责任体系不仅仅是个体自身的责任体系，更多的是与他人相关、协同的责任体系。有效的协同团队总会使得成员担负起更多的责任，包括勇于领导团队的责任、为团队成员赋能的责任、配合团队成员获得绩效的支撑责任等。在新希望六和，我们常说的一句话是：有人负责，我配合；没人负责，我负责。这也是这家公司可以面向互联网转型成功的核心原因之一。

正如组织需要时刻警醒自己的使命与责任那样，个体也需要时刻提醒自己的责任和价值贡献。协同是贡献个体和组织绩效、目标的重要力量，组织也需要帮助员工更新自己的责任体系和角色认知。华为在铁三角的管理中，就要求员工做好角色的转换。纯销售导向的员工需要向综合经营管理角色转换，解决方案经理由产品销售向综合解决方案销售转变，交付经理从单纯的项目/产品交付到使客户满意的角色转换。这些角色转换当中处处体现协同的影子，需要各方密切合作。在协同中，个体要勇于打破内心的警惕，充分相信自己的同伴，并毫不犹豫地承担起自身角色责任和对他人负责的信念。团队成员相互间的信任与责任承诺是协同得以成功的重要因素。

个体适应性行为

个体有清晰的责任和角色认知后，会在组织中产生一系列行为。而为了更好地促进组织内协同，对个体的适应性行为就有了要求。我们将有利于组织内协同的一系列行为称为"适应性行为体系"。适应性行为是一个人为了适应环境而求生存的能力，它的重点是满足自我的需求，也满足环境与社会需要。在协同目标下，组织情境中的适应性行为需要个体平衡自身的自由意志与他人的自由意志，并按照整体目标与成果的要求，调整自身的动机与行为，与他人形成一个有效的协同体系。"适应性行为体系"包括同理心、数字化工作行为，以及"秀"和"赞"行为与网络关系构建（见表5-2）。

表5-2 适应性行为体系与主要内容

	主要内容	目标价值
同理心	换位思考，产生共情行为	打破部门墙与个体领地性，增加亲近、信任与认同感
数字化工作行为	利用各种软件或技术进行办公，产生个体"数字画像"	分享数字信息与资源，精准管理与协同
"秀"和"赞"行为与网络关系构建	利用正式与非正式的方式对团队成员进行关系管理，高度支持团队成员	构建和谐的员工关系，为他人做贡献，并使自己成长

资料来源：本书整理。

同理心 同理心是一个心理学上的术语，它一般是指"换位思考""设身处地地想""共情"等。同理心具有巨大的影响效果，记得在2016年腾讯微信上曾有一篇叫作《罗一笑，你给我们站住》的文章受到广泛关注，大家纷纷转载并筹集了200多万元人民币的善款。但后来发现，这其实是一个有明显意图的公关行为，且滥用了公众的同理心。在组织管理中，同理心强的个体会主动地去帮助受困或遭受不公的同事，在心理与行为上给予支持。所以在协同管理中，应该去激发和培养员工的同理心。

组织内协同管理，遇到的关键挑战就是组织内部能不能把"部门墙"拿掉，能不能真正让每个部门的成员在整体系统中去创造价值。这其中的关键又是"同理心"，如果组织成员具备同理心，大家就更能彼此了解对方的思维、想法和感受。这种同理心使得员工有更多的亲社会行为，更愿意支持和帮助对方，也会产生更多的行为模仿。当组织成员具备同理心时，更容易形成团队认同感。Dreu（2012）的研究显示，○当我们处于"自己人"团体中时，身体中会自然而然地分泌出更多的催产素（oxytocin），而"催产素"被称为"爱"的三元素之一［另外两个是多巴胺（dopamine）、血清素（serotonin）］，这能够帮助人类产生更多的同理心和信任感，也会让人更加友善。从生理与心理上的连锁反应来看，同理心会使个体产生更多的合作和协同行为。

在《刷新：重新发现商业与未来》○（*Hit Refresh: The Quest to Rediscover Microsoft's soul and Imagine a Better Future for Everyone*）一书中，微软CEO萨提亚·纳德拉（Satya Nadella）指出，"无论是在拉丁美洲、中东还是美国的某个城区，在和人们见面时，我们都会去试着理解他们的思维、感受和想法。身为一位有同理心的父亲，加上探究事物核心和灵魂的渴望，使我们成为一名更好的领导者。"纳德拉将自己的成功归因于一个特质——同理心，而且认为在技术对整个世界进行所向披靡的颠覆之际，同理心比以往任何时候都显得珍贵。纳德拉深刻体会到，同理心让他成为

○ De Dreu C K. Oxytocin Modulates Cooperation within and Competition between Groups: An Integrative Review and Research Agenda [J]. Hormones and Behavior, 2012, 61 (3): 419-428.

○ 萨提亚·纳德拉. 刷新：重新发现商业与未来 [M]. 陈召强，杨洋，译. 北京：中信出版社，2018.

更好的父母、更好的同事以及更好的合伙人。在组织内协同中，员工的同理心行为必不可少。同理心行为就是站在伙伴的视角，从共情的角度考虑和解决问题，并发生相应的行为。有了同理心，组织成员间才会有共同的交集，才会有信任。但同样需要注意的是，同理心亦不可过头。过度的同理心也不利于组织协同，带着同理心做出决策可能使个体错失最佳的理性方案。而且同理心会耗费个体认知资源，认知资源理论告诉我们，认知资源是有限的，当同理心行为过多时，它必将使得员工情绪耗竭与同情疲劳，这也会影响员工工作。

数字化工作行为　技术一直在推动世界的变迁，物联网、云计算、大数据、人工智能、区块链等将世界打造成了"数字场所"，而组织也相应成了"数字工作场所"。2017年，中国信息化百人会发布的《中国数字经济发展报告》指出，"人类社会正迈入以万物互联、软件定义、数据驱动、智能主导为典型特征的数字经济时代。"组织管理也因此而发生剧烈的变革，个体的信息交互与资源配置模式无不夹杂着数字元素。2018年4月，国际权威调研机构IDG发布的《中国社交化移动办公软件市场跟踪报告》显示，2017年中国社交化移动办公软件市场累计企业用户达到1584.2万家，比2016同比增长36.8%。更多的企业组织与个体开始移动化的数字办公。技术带来的数字化与分享，使得企业更愿意构建以协同或协作关系为基础的组织模式，凸显了协同的需求与价值。我们发现，为了更好地组织协同，个体的适应性行为的关键之一就是顺应数字化的要求，高效率地展开数字化工作行为。

数字化管理是大势所趋，基于算法的精确匹配与计算已全面波及组织管理，包括招聘、培训、绩效、薪酬、福利等各个领域，而且以后会日趋深化。基于相应的管理模型或视图呈现方式，个体会有各种各样的数字记录，包括工作流程、工作绩效、知识行为、社会关系等，个体的工作行为都可以数字化。员工的个人工作数据，可以通过人力资源管理部门或是相关工作软件，进行个性化管理。因而每一员工都会有自己的"数字画像"，这将是未来的发展趋势。在与金蝶软件公司一起主办的，题为"人力资源管理数字化转型"的分享活动中，一家企业介绍了利用信息软件构建个体"价值贡献值"指标的案例，这个指标旨在描述和定量展示所有的组织成员对企业的价值贡献和排名，这个指标极大地激活了个体的工作动力。数字化工作行为能极大地提升个体的工作效率，也使得我们很容易观察和测量到组织中个体行为间协同的贡献。

在员工的数字化工作行为上，京东对员工行为数据、过程数据进行采集，通过平台和大数据分析，让管理者随时查看涵盖员工生命周期的即时数据，并着手研究商业智能，在招聘、人才画像、智能推荐、高潜盘点等方面，实现真正的大数据分析。而且，为了更进一步地提升组织活力，京东开始了数字化探讨项目。京东希望能够借助数字化的行为数据，构建组织活力的影响因子模型。京东人力资源共享服务总监王骞表示，京东集团针对目标组织群体进行了工作分析和行为研究，已形成了近三百个可量化的指标因子，这有助于归纳出最后的影响因子模型，也能进一步重视员工的数字化工作行为。㊀

㊀ 王骞. 京东 | 人力资源数字化转型的实践［EB/OL］.［2018-09-15］. 搜狐科技. https://www.sohu.com/a/254077964_183808.

数字化工作行为使员工之间、员工与组织之间、员工与物之间的链接逐渐强化，员工的行为得以记录和分析。员工能随时随地地了解和认知自己的工作状态，以及与优秀标杆的差异性，这都能极大地提升个体的工作与协同效率。但同时，组织需要密切关注数字化行为的保密与安全问题。数据信息泄露对组织声誉是很大的打击，同时，也要关注对于员工心理契约的保护，以及员工隐私和安全的保障。为了完善安全数字化工作空间，领导者需专注于解决员工敏感性信息与社会关系等问题，积极地识别潜在的安全威胁，以免给组织和员工造成高昂的损失。

"秀"和"赞"行为与网络关系构建　我们发现，影响协同绩效的很大一部分原因是来自于组织成员之间构建的相互影响的行为体系、非正式关系与人际网络。借助于互联网技术，员工有很多的正式或非正式的工作行为被调整了，甚至在更多的时间里，组织员工的心理认知、工作关系、效能感等在线上被调整了。在线场景中，无论是生活经历还是工作成果和感悟，员工更容易有机会去展示自己的才华，将之"秀"于网络，产生线上"秀"行为。这种秀行为其实是员工对工作生活状况的表达，是组织需要重点关注的内容。一个员工的秀行为会产生出两种可能：一种可能是他的内在需求需要得以释放，这需要组织给予特别的关注；另一种可能是他的秀行为越多，其价值感或贡献会越大，其在组织中的嵌入度也会越大，与组织之间的价值型关系也越牢靠。这种数字化的"秀"数据不仅是员工内心自由表达的记录，更是员工管理的重要事实和数据基础。

跟随着"秀"行为，其他员工会依据"秀"的内容与"秀"员工发生互动，会产生相应的"赞"行为。"赞"行为是个体出于对秀者发表内容的认同和欣赏而发生的线上点赞行动。有些政府和公共部门利用网络点赞来弘扬身边典型榜样力量，例如福建莆田市启动的"十佳"先进典型网络点赞活动。"赞"行为能够拉近榜样或先进做法与自己的距离。对于组织来说，为了更好地协同，个体的适应性行为体系不仅需要"秀"行为，更需要"赞"行为，只有你尽量不断给他人点赞，他人才愿意超越分工，全力以赴支持你。

耶鲁大学的克雷顿·奥尔德弗（Clayton Alderfer）进行了符合实际经验的研究，认为人的需要本质上有三种，包括生存（existence）的需要、关系（relatedness）的需要和成长发展（growth）的需要，这就是著名的ERG理论。[⊖]我们借助于这个经典理论能够理解，组织员工在线上进行正式或非正式的表达，借此可以有效构建关系并获得成长，并更好地去适应组织生存。在线上，经由他人的"秀"行为，员工同样能获得和学习自我成长所需的情感和生活经历、知识、技能。而且，员工之间的"亲密关系"正是在"秀"和"赞"的互动中形成的。一定程度上讲，员工的三种需要在线上活动中都能得到较大程度的满足。更重要的是，员工的"秀"与"赞"行为是组织协同的重要适应性行为。

协同绩效同样取决于网络结构与人际关系。我们的研究表明，当组织内员工沟通网络密度较高时，相互之间的信息通道与资源共享也较好，组织知识管理的绩效也能得到较大程度提升。在具有结构优势的网络中，嵌入在网络中的不同个体、团队或部门之中的信

⊖ Clayton P Alderfer. An Empirical Test of a New Theory of Human Needs [J]. Organizational Behavior and Human Performance, 1969, 4 (2): 142-175.

息、资源或数据就可以充分共享。无论是组织还是个体，大部分人都需要和其他人进行有效合作。每个人都需要实现自我管理，并需要对自己的人际关系负责任。

梅奥的人际关系理论早就告诉我们，任何组织中都有非正式组织，正式关系结构下夹杂着复杂的非正式关系结构。梅奥也指出，组织人际关系网的成熟也是组织有效的重要标志。今天技术和数字化元素，使得组织中产生更多的社会情感联系和心灵交流。正是这种情感联系和心灵碰撞使得个体更愿意发生协同行为，更愿意超越组织支持去发挥自己的主观能动性。德鲁克提及，组织需要构建正确的人际关系，而这其中有四项基本原则，包括互相沟通、团队合作、自我发展及培养他人。[一]这些原则使我们相信，有效的网络结构和人际关系是组织内协同的充分条件。

新价值体系

组织内的协同得以实现，最后需要解决的是价值体系与价值关系的问题。这个问题也对组织成员提出了更高的要求，协同本身就要求企业设立支撑协同的价值体系，以及形成新的组织习惯。

个体与组织的关系重塑　在巴纳德所提的组织合作系统中，强调组织目标处于核心地位。[二]只有组织目标的制定，才能使环境中的其他事物具有意义，组织目标是使所有事物统一起来的原则。但

[一] 彼得·德鲁克. 管理：使命、责任、实务（实务篇）[M]. 王永贵，译. 北京：机械工业出版社，2009.
[二] 切斯特 I 巴纳德. 经理人员的职能 [M]. 孙耀君，等译. 北京：中国社会科学出版社，1997.

是需要调整的是，外部环境发生了巨大的变化，这个变化就存在于个体，不再如巴纳德所描述的那样：组织是由于个人需要实现他自己在生理上无法单独达成的目标而存在的。互联网时代的情形完全不同，有创造力的个体是由于组织需要实现它自己无法达成的目标而存在的。组织实现其目标一定要依附于有创造力的个体。[1]

现在，**个体与组织的关系更倾向于呈现一种共生关系，传统的"企业+雇员"的形式受到了冲击，组织内工作不一定全部依赖于全职雇员来完成，而将通过多元化的工作主体和方式来完成**。在信息技术的加成下，员工也不再是局限于某一具体领域或具体组织的工作个体，他可以跨团队/组织提供知识、技能和服务。而且，越来越多的人更加期待自由和非雇用关系。在这种情况下，协同管理肯定需要有新的价值体系，就像我们在《激活组织》中提到的那样，组织激励也发生了大变化，组织不再激励考核，而是激励价值创造。

组织管理者要认识到，人与组织是融为一体的。组织以员工为核心构建一个共同的价值共享系统，为个体实现价值创造提供机会与条件，被激活的个体才有可能让组织具有创造力。在组织里，我们强调自由，但也注重价值实现。今天的组织中，个体具有更大的能量和自由去实现自我成就，同时，个体与组织达成一种共生关系。当个体不断地讨论贡献时，个体的价值关系与组织之间的交换就变得非常积极，组织提供给个体更多贡献价值的机会。因此我们更深地感受到，在一个组织平台上，个体创造的价值可能性和实现度会变得更大。

---

[1] 陈春花. 激活个体[M]. 北京：机械工业出版社，2016.

组织管理者也要认识到，组织所要承担的责任就是拓展个体的能力。正是个体与组织之间的动态组合，才使得组织和个体都创造了属于自己的价值。而这种动态组合的价值创造，产生出非常多的可能性，如果一家企业能让强个体来到自己的组织系统中，强个体与这家企业之间所产生出的收益就会超出人们的想象。

如何做到这一切？这就需要构建协同管理的价值体系，亦即个体与组织的共生关系。我们不能再以传统的"组织强，个体弱"的观点审视两者关系，也不能让个体意志凌驾于组织意志之上，两者的重塑关系应是共生，互为主体，彼此贡献价值。一方面，组织要将优秀的个体集合到组织平台上，并提供个体成长与释放能量的空间，给予个体充足的授权、资源与支持。另一方面，个体也要充分发挥自己的创造力，与他人合作和协同，注重自身的价值贡献，为组织发展贡献价值和提供支持。

新文化价值观驱动 互联网技术背景下，很多组织调整了"硬"的组织结构，利用各种数字化和技术手段，构建新的责任体系和角色认知以帮助组织员工更好地协同。而在这些调整的过程中，我们发现，取得有效成果的企业，都是因为其企业文化做出了相应的改变。

我们继续深究其变化的内核，发现其企业文化中都内涵了开放、包容与利他的价值取向。组织协同的基本要求，就是合作和开放，而利他则是协同的一个基本理念。因此，开放、包容、利他正是协同需要的基本价值观。同时，共生的理念需要融入个体认知模式中，只有在基本认知中认同了共生，才能真正做到利他与协同。

小米非常强调共生模式，在组织内传递竹林生态的思想，并在组织间构建了强大的"生态链"。事实上，小米的"共生关系"不仅存在于其与外部组织之间，也存在于小米产品与"米粉"之间，更存在于小米内部团队之间。也只有如此，价值链才构成了相互信任的共生体系，个体才能融入其中并收获价值链或共生网络的价值。

新文化激发"新激励系统" 组织要获得协同管理的绩效，就需要构建新的激励模式，而不是采用传统的绩效管理。例如，微软之前在绩效管理上采取"强制等级排名"，这其实严重影响了协同效果，导致成员之间无法形成开放和合作的氛围，进而导致企业面对环境变化无法做出有效的回应。因此，微软进行了绩效变革，重塑新的绩效体系，并强调三个维度，即促进合作、帮助成长、奖励价值。

在促进合作上，微软关注组织员工是否借力或助力他人，主要围绕三个维度展开：第一，你是否整合、利用了前人的工作成果？第二，你是否为他人的成功做出了贡献？第三，你自己的贡献是什么？当在这三个方面做好了，个体的协同意愿和协同能力也会稳步提升。同时，在微软的新价值体系中，绩效管理取消评价，更关注于员工学习、发展和创造价值的指导性对话。在这个新的绩效体系下，员工只要真正做出了价值创造就会得到奖励。这种价值创造不仅表现在自身贡献上，还表现在是否有效地促进了他人的贡献。

微软的企业实践让我们可以理解到，新的激励系统可以帮助组织内协同管理的实现,而通过这样的激励系统创造,既增加员工的幸福感,也带来组织的高绩效。我们越来越发现,构建的新激励系统,通过技术可以帮助个体与个体之间、个体与组织之间产生更好的关联。这种激励价值创造的体系,不仅对员工目标达成做出贡献,也对组织其他成员的价值创造或目标达成做出贡献,这样的激励模式推动了组织内协同的高效实现。

| 第六章 |

组织外协同

▼

新的全球性商业规则是:要么协作,要么灭亡。

——唐·泰普斯科特《维基经济学》

技术使得组织间的关系遵循"离散程度越高，价值集中越快"的逻辑，在组织间协同时呈现了惊人的价值创造力。正如《维基经济学》所判断的一样，"新的全球性商业规则是：要么协作，要么灭亡。"⊖在数字技术的帮助下，价值创造和价值获取的方式已经完全变化，这种变化的力量正在重新定义每一个行业。这种改变的力量也帮助企业展开全新的发展模式，其中最核心的特征就是，企业的经营重心由内部转向外部，借助于价值合作伙伴，企业可以为顾客贡献不断拓展的价值。

互联网技术以及数字技术的飞速发展和快速普及，使企业间的大规模协作成为可能，甚至协作的力量正在改变整个商业的未来。从工业时代的大规模制造，到数字化时代的个性化定制需求，技术穿透带来了组织间关系的根本变化。克莱顿·克里斯坦森

⊖ 唐·泰普斯科特，安东尼 D 威廉姆斯. 维基经济学：大规模协作如何改变一切 [M]. 何帆，林季红，译. 北京：中国青年出版社，2012.

（Clayton Christensen）提出的"颠覆性创新"概念，是用于描述新的竞争者如何瞄准市场利基、攻占市场，最终实现洗牌的。[一]这样的情形在过去十分罕见，而在互联网时代的今天，则成为普遍发生的事情，利用新技术或者新模式进行颠覆的情形，几乎每一天都在发生。技术力量下所看到的变化是超过我们的想象的。在这一系列的颠覆与被颠覆中，能够在其中获得发展的企业，都是能够建构新的组织关系，即能够获得组织外的协同，从而获得整个价值网络的价值的企业。

价值扩展

随着组织外协同的展开，价值开始在各个行业拓展并迅速改变商业的未来。以零售业为例，它能帮助我们更好地理解这种变化的力量。零售业在数字技术的帮助下，给消费者带来了全然不一样的价值体验，传统的零售业最核心提供的价值是，在一个卖场里尽可能地提供商品，并确保商品价格合理、品质保障、方便顾客购买。但互联网技术和数字技术，赋能给零售业，也称之为"新零售"，借助于零售企业与制造企业、数字技术企业、电子支付企业，以及物流企业之间的广泛协同，让零售业焕发出全新的价值，人们不再受卖场面积的影响，可以在线获得大量商品的信息和选择权，人们也不需要来到店里，而是直接在线购买，并借助于物流在家里获得商品。电子支付、在线服务和物流服务，让新零售企业给顾客完全不同的体验，而卖场也成为顾客全新的价值体验中心，比如美味的食品。

[一] 唐·泰普斯科特，安东尼 D 威廉姆斯. 维基经济学：大规模协作如何改变一切 [M]. 何帆，林季红，译. 北京：中国青年出版社，2012.

新零售带来的新价值，让一个历史悠久的行业，在技术的帮助下融入新的消费模式中，而得到这样的结果，是源于价值网中各个合作伙伴的高效协同。《零售的本质》这本书中关于日本 7-Eleven 的零售之道，深化了我们对于零售本质的理解和判断，给了我们很大的启发。在互联技术冲击最大的零售行业里，7-Eleven 保持了自己的强劲增长，其效能甚至超过阿里巴巴，真的是令人惊叹。㊀

7-Eleven 日本公司有 8000 多名员工，2016 年创造了近百亿元人民币的利润，人均创造利润接近 120 万元人民币，堪与阿里巴巴比肩。后者 2016 财年 3.6 万多名员工，创造了 427 亿元利润，人均创造利润 117 万元。7-Eleven 在全日本开有 18 572 家连锁店，其中直营店只有 501 家，每天有超过 2000 万人次光顾 7-Eleven，享受 24 小时全天候和全渠道的便利服务。看到这里，你一定觉得 7-Eleven 的确做得太好了。不过更厉害的部分在于，7-Eleven 基本没有自己的直营商店，也没有一个工厂是自己的，更没有一个配送中心是自己的，却成为近百亿元人民币利润的零售企业。

作为日本零售业最大的 B2B 共享经济体，7-Eleven 用自己独特的价值主张，为每一个合作伙伴打造了一个共享的平台。7-Eleven 日本公司只聘用了 8000 多名全职员工，其余人员全部都是加盟店、制造商和供应商的雇员。7-Eleven 日本公司在已经开店的区域中设有 171 家专用工厂，几乎所有工厂都是由制造商或供应商投资，配送车辆也是如此，它们以高频率将商品配送到各加盟店的 150 多座物流中心。7-Eleven 既是共享顾客的平台，也是共享信息、共享物流、共享采购和共享金融的平台。7-Eleven 作为一个

㊀ 本多利范. 零售的本质 [M]. 北京：中信出版社，2019.

共享经济平台,为所有参与方创造了巨大的商机。亚洲最大服装零售商优衣库线上的订单,可以到日本大部分7-Eleven商店自提,这极大地方便了顾客,消费者不用在家等收快递,可以就近选择离家或者办公地方最近的7-Eleven便利店收货。

正是7-Eleven实现了对顾客15分钟便捷购物,以及对利益相关者的信息、物流、采购和金融共享的价值拓展,才使得自身在传统零售被新零售洗牌的时期,稳健增长。7-Eleven自1974年创立以来,即使遭遇日本经济严重衰退时期,仍能保持连续41年的增长势头。

《巨人为何衰败》(*How the Mighty Fall and Why Some Companies Never Give in*)的作者吉姆·柯林斯(Jim Collins)在接受访谈时指出,"我们一直都在思考这样一个问题:一些公司,甚至包括《从优秀到卓越》(*Good to Great*)一书中所描述的一些公司在内,为什么会衰败?我们开始着手研究这个问题。至于公司衰败的过程,可能会持续长达十年,也可能只需一年。我们明确地阐述了公司之所以衰败,是因为它们停止了探索其获得成功的根源,忘记了成功实际上是一个不断探索的过程。你必须不断地思考,更好地理解成功的根源,思考可能面临的威胁。如果你认为自己已经获得了全部答案,就不再继续思考。然而,万一你的答案中有些是错误的呢?由于你不再勤思好问,不再坚持追求真理,结果开始走向失败,甚至连你努力的方向都有可能是错误的。"㊀

曾有一家公司被吉姆·柯林斯誉为基业长青的典范,这是一家可以和苹果相提并论的公司,这家公司曾创造出 Walkman、高清

㊀ 史蒂芬·伯恩哈特. 吉姆·柯林斯:巨人何以倒下 [EB/OL]. [2017-08-07]. 中国青年报. http://chuangjia.cyol.com/content/2017-08/07/content_16367074.htm.

电视等引领行业潮流的产品。在中国该公司的Walkman几乎占据了所有人的碎片时间，极其火热；在美国，就连乔布斯都曾将该公司作为苹果学习的标杆，并将公司创始人奉为偶像。这家公司，就是索尼。但在2011年连续多年的排名下滑后，公司股价降了一半，索尼慢慢淡出大众视野。虽然很多人将索尼的业绩衰退归结为坚挺的日元和两次天灾，但这些不利的外部环境不会只给一家公司带来伤害，所以这并不是其衰落的关键因素。虽然技术能力是原因之一，但我们今天想从另一个视角来解读，这个视角就是索尼的组织外协同问题。

以索尼引领20世纪80年代的主要产品Walkman为例，索尼作为移动音频随身听的缔造者，从1979年发布首款卡带机风靡全球后，曾一度引起全球电子行业领域的热潮，当时讨论最多的是"谁会成为下一个索尼"。2001年苹果推出第一代iPod，像当年的索尼一样，随即掀起一场新的试听革命，引领全球便携式音乐播放市场。什么原因导致了Walkman的衰落？我们从内外两方面来看。第一，在内部，索尼力图打造排他性的软硬件电子平台，对于这个战略有着超乎寻常的执着。为了实现这个战略，索尼的产品线铺得过长，涉足的领域包括耳机、录像机、电视机、相机、手机等2000多款产品，且产品之间还很难形成优势互补。第二，在外部，索尼为了Walkman顾客能购买自身开发的ATRAC制式，不与MP3兼容。索尼音乐播放器的顾客只能购买索尼的音乐卡，这使得索尼在该领域的市场被其他企业所占领——由于自身的封闭，导致最终作茧自缚。

反观华为对与日本企业合作的态度，2018年年底任正非在日本研究所业务汇报会上的讲话中指出,"在产业合作方面我们永远不要伤害日本企业,决不准侵犯日本的专利,我们来这里做研究、办企业,不是挖日本企业的墙角,而是增强我们这方面的能力,也促使日本企业更成功,使我们在系统集成上更成功。我们只要本着这个原则进行产业合作,就不会出现冲突。在日本做研究与合作,不能说这个零件我们会造,就不让日本企业造,这样日本社会就不会欢迎我们。如果这个零件日本企业会造,我们合作研究之后会造得更好一点,然后我们请日本企业利用合作成果帮我们造,这样实现共赢,就没有矛盾了。"㊀由此也可以看出华为强劲增长,即使在今天遭遇巨大的挑战也能从容应对的原因了。

组织今天所面对的根本性挑战,其实是"万物互联"。互联网重构了组织所处的外部环境,IBM 对于"智慧地球"的描述同样表明了这个特征,2008 年 11 月 IBM 提出"智慧地球"概念,2009 年 1 月,美国奥巴马总统公开肯定了 IBM "智慧地球"思路,2009 年 8 月,IBM 又发布了《智慧地球赢在中国》计划书。数字化、网络化和智能化,被公认为是未来社会发展的大趋势,而与"智慧地球"密切相关的物联网、云计算等,更成为科技发达国家制定本国发展战略的重点。按照 IBM 的定义,"智慧地球"包括三个维度:第一,能够更透彻地感应和度量世界的本质和变化;第二,促进世界更全面地互联互通;第三,在上述基础上,所有事物、流程、运行方式都将实现更深入的智能化,企业因此获得更智能的洞察。根据设想,在"智慧地球"时代,IT 将变成让地球智慧运转的隐性能动工具,弥漫于人、自然系统、社会体系、商业系

㊀ 任正非. 任总在日本研究所业务汇报会上的讲话 [EB/OL]. [2018-12-14]. 搜狐科技. https://www.sohu.com/a/281891449_479829.

统和各种组织中。⊖随着技术创新的深入，更透彻的感知、更全面的互联互通、更深入的智能化，的确是我们需要理解和面对的企业发展环境的根本性特征。

互为主体的共生模式

中国企业在"压缩式"的发展进程中，经历过竞争的泥潭无法自拔，共生营销、协同营销也曾被经营者所重视，但在纵横协同尝试的过程中，绝大多数企业遭遇了失败。但是**那些坚持长期主义，与合作伙伴共生成长的企业，却超越了竞争与变化，成为佼佼者**。如果仔细研究过去的企业发展历程，不难发现，这些可以长期发展的企业，是因为其长期主义的价值观能够在一套模式或者技术框架下，让合作伙伴共生成长得以实现，如前文介绍的 7-Eleven、华为、温氏集团、海尔等，它们依靠自身的能力创造出一个共生的模式。今天在数字技术的帮助下，用"互联网+"支撑下的协同行为，企业可以更大范围地帮助企业获得共生的平台，也更容易参与到共生协同发展的价值网络中，获得远离竞争的价值创新。如行业内的联合图存、跨行业的互补协同、企业间嵌入式协同、价值链上下游协同、区域模块化制造等都是一种共生性的尝试，互联网技术的发展为这场社会变革带来了可能，更使得企业"超越竞争"的夙愿得以达成。⊜

立足"共生"才可"超越竞争" 在互联网时代，商业机会如雨后春笋般蓬勃涌现，财富积聚和移动速度前所未有，创富者和创业

⊖ IBM. 智慧地球赢在中国 [R]. 2009.
⊜ 陈春花. 共生成长，远离竞争的价值创新 [J]. 销售与管理. 2015（11）：15.

者蓬勃雀跃，但真正能在经济发展的洪流中乘风破浪持续发展的弄潮者凤毛麟角，新的模式涌现的同时数以万计的企业不断被淘汰。这些企业并不是没有发现市场机会，也不是没有发现顾客价值，更不是资金或是耐力不足，而是它们只关注到机会或者自身的发展空间，没有立足于"共生"与"众享"的可持续性发展之中，而在快速迭代和变化的环境下，很容易就被颠覆或者淘汰了。

企业如何才能保证自己走在正确的道路上？答案是：建立分享与共生模式。只有这样才可以激活生态圈，所处的商业生态圈也才可以内外同时成长，可持续成长，进而更有生命力。每一个"共生系统"中的主体都要在机制创新、产业协同、内外资源整合中自我否定、自我转型、自我变革，做到敢于放弃、敢于创新、敢于挑战，进而实现分享和共生，实现自我成长，自我超越。**因此，数字化时代不仅仅是加速度的"量变"，更是底层商业和战略逻辑的"质变"。**

数字化时代下，企业的战略空间无论是在增长速度、价值创造还是价值获取方面，都发生了根本性转变。所以相较于工业化时代，在表层战略迁徙之下，商业底层逻辑已经发生了彻底颠覆。在工业化时代下，企业的边界以及行业的边界都相对清晰，企业都是在一个明确的空间内寻求发展，并将其他企业视为在竞技场上博弈的对象，客户则是博弈结果的裁判，因而也有了"商场如战场"的说法，其遵循的是"竞争逻辑"。但是，我们需要提醒大家的是，"竞争的最终目的是远离竞争、超越竞争。唯有深刻领悟了这一点，企业才能深刻理解竞争的本质和竞争能力的实质内涵，才能从简单模仿、价格大战等低级竞争中走出来，真正获得价值增长的实力，

从而与世界顶级企业在全球化的赛场上一争高下。"⊖

"共生"让企业回归顾客价值　若要理解"竞争逻辑"和"共生逻辑"的差异，以及究竟发生了什么本质的变化，还需要我们"向内看"，开展两套逻辑的内核探寻。经典战略体系是围绕"主要战场"和"如何制胜"两个问题而展开的，而对于两个问题的回答需要从以下三个方面展开：产业条件（可做）+资源能力（能做）+优势选择（想做），这是工业时代"竞争逻辑"关注的方面，并一度被商业教科书奉为金科玉律，而在数字化时代的"共生逻辑"之下，以上三个方面被逐一打破。

第一，"可做"的产业条件被"跨界"所打破，国内两大互联网巨头阿里巴巴和腾讯，早已经水乳交融，无法辨识其是深耕于电商还是社交领域；第二，"能做"的资源能力方面被"链接"所突破，前提是企业具有链接和整合资源的能力，互联网平台使企业不再需要拥有房产，只需要链接成千上万的房主，撬动商业生态内的"资源"，就可以进军酒店行业；第三，"想做"随着"可做"和"能做"而无限延展，不再局限于过去的行业和资源局限，而是使得企业有新的机会进行价值主张的赋予，耐克从运动鞋的售卖到运动数据管理和分享平台就是一个典型案例。⊜

认识框架的更新：从"竞争逻辑"到"共生逻辑"如图 6-1 所示。

⊖ 陈春花. 超越竞争：微利时代的经营模式 [M]. 北京：机械工业出版社，2014.
⊜ 陈春花，廖建文. 打造数字战略的认知框架 [J]. 哈佛商业评论，2018（7）：119-123.

而以上三个方面为何能发生根本性的转变，其根源是核心立场的转移，**"竞争逻辑"的立场在于"企业"，而"共生逻辑"的立场在于"客户"**，从而实现了"以企业为中心"向"以客户为中心"的根本转变，更加注重客户新的需求、价值主张、价值增值等，响应了数字化时代下回归到"以人为本"的层面上来。

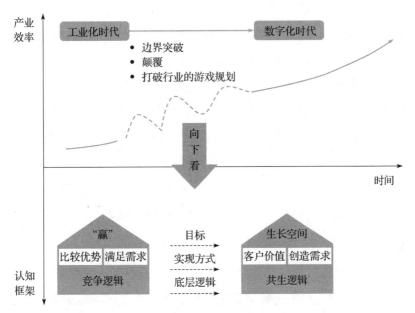

图 6-1　认知框架的更新：从"竞争逻辑"到"共生逻辑"

资料来源：陈春花，廖建文. 打造数字战略的认知框架［J］. 哈佛商业评论，2018（7）：119-123.

"共生逻辑"激活群体智慧　"共生逻辑"背后激活的是群体智慧，而关于群体智慧的两个实验，可以更好地说明群体智慧优于个体智慧。统计学家弗朗西斯·高尔顿（Francis Galton）设计了一个智慧实验，是在英国普利茅斯的乡村集市上，让围观群众猜测一头屠宰且去掉内脏的公牛重量，结果是群众猜测结果的中位数，是最接近于公牛真实重量的，优于任何围观的养牛行家的猜测。曾任职于微软的巴伊兰大学众包研究员利奥尔·左雷夫（Lior Zoref）再现弗朗西斯的实验，将一头牛牵到了 TED 大会，请观众估算牛的重量，结果是均值（1792 磅⊖）和真实的重量仅仅差了 3 磅。

英国物理学教授兰·费雪（Len Fisher）在《完美的群体：如何掌控群体智慧的力量》（*The Happiest Toddler on the Block*）中指出，"即便每个个体都只有 60% 的机会得出正确答案，但在一个 17 人的群组中，多数人正确的机会将会上升到 80%；而在一个 45 人的群组中，多数人正确的机会将会上升到 90%。"如何避免成为"乌合之众"，而激发群体智慧？兰·费雪认为群体智慧的发挥需要满足三个条件：①群体成员需要有独立思考的能力，并相互交流，得出各自的结论；②群体解决的问题必须有确切的答案；③群体成员面对的必须是同一个问题。只要满足了以上三个条件，就可以使得群体决策发挥出群体智慧。⊖

"共生逻辑"中主体是独立的个体，因此有各自的判断和思考。面对的共同问题就是为顾客创造价值，当各个主体都以顾客价值为中心时，其实就满足了一个问题的条件。互联网创造了无数有利于群体智慧发挥的场景，因而群体中的个体可以更加便捷地构建"共生系统"，提供更好的创造顾客价值的解决方案。以微信为例，它所构建的共生逻辑链接了相关和不相关产业的合作伙伴，链接了消费

⊖ 1 磅 = 0.453 592 4 千克。
⊖ 兰·费雪. 完美的群体：如何掌控群体智慧的力量［M］. 杭州：浙江人民出版社，2013.

者等一个又一个个体，让新的创意和共生的意义被持续创造出来。

创建"合作主体的共生系统" 德鲁克在《功能社会》中指出，"组织不是为自己而存在的，组织是手段，每一个组织都是为了执行一项社会任务的社会器官。"无论企业今天多么强大，无论其处于什么样的强劲发展阶段，甚至无论其现在处于什么样的优势位置，但凡没有将企业经营的背后逻辑由"竞争"转化为"共生"的，都是很难获得可持续发展的，这是一个真实的企业发展结果。**企业要确保构建或是加入一个"共生系统"，找到自身"不可或缺"的定位，和其他主体形成"价值共生"，就有能力应对"不确定性"，有机会获得协同发展**。机会不会让企业持续成功，因为机会稍纵即逝，唯有共生成长，并让相关主体共享价值，成功才可持续。

获得强劲增长速度的优秀企业，深入分析其背后的增长驱动，其共同点就是以"共生"替代"竞争"。以腾讯为例，业务的边界越来越模糊了，在3Q大战压力之下开放战略让腾讯越做越强。而阿里巴巴商业模式是建立了共享价值的商业平台，提供了中小商户可以便捷地开设网店的平台，从而缔造了一个又一个"双十一"商业神话，在其构建的商业模式中，并未考虑如何打败竞争对手，而是让更多的利益相关者主体在阿里巴巴平台上共同成长，互为主体，这就是"共生逻辑"[⊖]，其商业模式就是构建"互为主体的共生系统"。

腾讯、阿里巴巴如此，华为、苹果亦如此，这些企业都不是从竞争思维，而是从遵循"共生逻辑"，构建"互为主体的共生系统"中脱颖而出的。因此随着技术的发展，深入的互联互通导致信

⊖ 陈春花，朱丽. 激活组织七要素：从个体价值到集合智慧 [J]. 珞珈管理评论，2017，16（4）：1-14.

构建或加入一个"共生系统"

找到自身"不可或缺"的定位

和其他主体形成"价值共生"

息对称和可视化逐渐普及,"共生"的情形会更加深入和广泛,"平台"和"共生"已经成为"共创价值"的选择。企业需要理解和践行"共生"逻辑,否则无法持续发展下去。在"共生逻辑"下,企业的规模不再是决定其是否成为主体的关键,"小而美"的中小企业如果能够成为价值型企业,和大企业之间是没有根本区别的,因为在"共生"逻辑下,所有企业均为主体。

构建"合作主体的共生系统"的关键在于,企业需要认识和获取到整体的力量,需要有能力集合更多主体的智慧,将"受启发的主体结成网络"。企业必须能够整合这一切,前提无疑是需要开放、整合创新的组织管理系统,这一系统使企业更加柔性,并可与环境做出协同,使得企业融合到新的成本结构中进行灵活的价值创造。无论是行业边界还是资源条件甚至是竞争对手,都已经越来越模糊了,因此企业需要拥有一种链接上下游的能力,链接相关产业合作伙伴的能力,同时还要和其他产业、资本和顾客共同成长,这就是"共生逻辑"的具体执行方式。

随着产业条件的调整和资源能力的充足,以及顾客需求的转变,新的四种战略业态应运而生——链接器、重构者、颠覆者、新物种,从而导致很多新的机会产生,新的概念涌现,[一]呈现出新的机遇和生长空间,这也是工业时代到数字时代的根本改变,其背后的认知逻辑是由"竞争"到"共生"的转换。**企业现有的核心要素发生了改变,新增了供应商、制造商、终端零售商、中间商,还有用户共五要素,集合了以上要素的企业被认为是"价值共同体"**,因此

[一] 陈春花. 中国企业管理重构要从竞争逻辑转向共生逻辑 [EB/OL]. [2018-08-08]. 人民网. http://finance.people.com.cn/n1/2018/0808/c1004-30217357.html.

作为新范式的价值共同体，对管理者的要求也相应转变为构建"合作主体的共生系统"㊀。

组织集群

经历了中国改革开放 40 多年的发展，很多企业已经陆续进入企业发展的第二阶段——"二次创业"。二次创业与一次创业最大的不同是，企业需要反思自己是否具有与外部组织协同发展的能力，以及这种能力是否能够让顾客明确感知到其价值。获得这两个问题答案的关键，就是企业需要构建组织集群，而不再是原有的企业单体发展的模式。之所以需要做出这个改变，一方面是因为，企业今天所面对的环境完全不同；另一方面是因为，当离散的个体组织由于共同的目的而自发集结成群时，其释放出来的能量是巨大的。组织集群由组织间构建，是一个更具拓展性和价值增值的群体。回到客户端去看，一个组织集群，就是多个完整而又不可分割的组织群，每个组织承担不同的价值创造部分，最终呈现"1+1>2"的组织间协同优势。

组织集群的形成　随着组织集群所生成的价值越来越大，波特认为集群竞争甚至可以提升国家竞争能力，所以组织集群的成因一直是备受关注的话题。在过去的研究中，大多数学者关注点在地址、文化、成本、知识外溢等方面的影响，由于这个话题的研究一直很难运用实证的方式去探索，所以也就一直无法将形成原因得出一致的结论。但是有一点是大家比较容易接受的，那就是，组织

㊀ 陈春花. 7-11 带来的新零售启发：效率依赖于共生平台系统 [EB/OL]. [2018-01-15]. 人民网. http://www.sohu.com/a/216735806_330810.

集群的形成是自组织的过程。这一点可以借鉴复杂理论的概念和思想，把组织集群看作是一个复杂的自适应系统时，就可以认为组织集群是一个系统自组织的过程。

组织集群有三种类型：第一种是蜂窝型，蜂窝型组织集群由处于不同的生产链体系中，不同生产环节的小企业组合而成。处于产业链中的小企业如同"蜂窝"中的小单元，用彼此紧密相连、相互衔接、相互信任、利益共享的方式，完成对某一产品的生产，一般呈现在劳动力密集和传统的轻型加工产业中。以义乌小商品市场为例，自1982年成立至今，义务小商品市场已经成为国际小商品流通中心、展示中心和研发中心。义乌小商品市场已辐射200多个国家和地区，当之无愧成为中国小商品走向世界的桥梁。1995年中国小商品城"名优新小商品博览会"的隆重举行，提升了义乌小商品的国际影响力，进而吸引了越来越多的横纵关联企业在义务集聚。1998年小商品市场的摊位已经增长至34 000个，成交额从1992年的20多亿元，猛增至1998年的100多亿元。到2018年小商品市场已实现4523.5亿元交易额[一]，义乌已经成为全球最大的小商品集散中心，并被联合国、世界银行等国际权威机构认定为世界第一大市场[二]。

第二种是专业市场型组织集群，这种组织集群的特点是，需要依附于专业的销售网络或是市场，形成"前店后厂"的组织集群形

[一] 2018年义乌市国民经济和社会发展统计公报［R］. http://www.yw.gov.cn/11330782002609848G/bmxxgk/12330782684524904C/04_1/201904/t20190419_3876846_2.html.

[二] 义乌［EB/OL］. 百度百科. https://baike.baidu.com/item/%E4%B9%89%E4%B9%8C/214555?fr=aladdin.

式。这种类型的组织集群，通常会形成同质化、有限差异化的产品，一方面具有成本优势，另一方面可以保证集群内企业的利润空间。如日本的 7-Eleven 并非互联网企业，但是在互联网时代却呈现了高效的价值创造，它实施"前店后厂"，很早就把前店后厂的供应商、加盟商、服务商全部组合在一个大的数据平台上，同时能够很好地满足顾客需求。7-Eleven 的盈利重点在于，提升单店的销售额和毛利率，从而通过规模化连锁经营，降低店面的边际成本。专业市场型组织集群，为 7-Eleven 带来了高效的整合供应链的能力。凭借对于消费者的洞察，这种模式使得 7-Eleven 不断扩大板图，截至 2016 年年底，在全球的 17 个国家和地区拥有 61 554 家门店，成为全球当之无愧的连锁便利店集团。○

第三种是主企业领导型组织集群，这种组织集群的特点是，具有一个有控制能力的领导型组织，这个组织在分工和协作中具有强势的垄断地位，具有超市场契约条款的定制权，且可以凭借自身优势要求其他集群成员进行协同升级。这个主导的组织一般会最大程度地攫取整个组织集群的垄断利润中的大部分，用以支持产业升级和技术创新。以大众所熟知的 Nike 为例，它在 43 个国家设有生产工厂，雇用人数近 100 万人。随着中国劳动力成本不断提升，越南已经取代中国成为 Nike 在全球最大的加工厂。由于 Nike 品牌价值，这些加工厂面对 Nike 议价能力并不高。所以一旦代工国的劳动力成本提升，Nike 随时可能进行转移，寻求更低的劳动力成本，保证其品牌的获利能力。可见 Nike 在组织集群中具有控制中心的地位，获得的是强势垄断地位带来的利润，这就是世界第一运动品

○ 7-Eleven 在全球 17 个国家和地区拥有超过 7 万家门店，是全球最赚钱的［EB/OL］.［2018-08-28］. 搜狐科技. http://www.sohu.com/a/250423570_100036120.

牌 Nike 的奥秘。

组织集群的协同创新　技术创新理论由经济学家约瑟夫·熊彼特（Joseph Alois Schumpeter）于1912年在其著作《经济发展理论》（*Theory of Economic Development*）中首次提出，至今有100多年历史。大企业和小企业在技术创新方面的作用和地位，一直是后人在技术创新理论领域争论的焦点之一。大小企业其实在本质上并没有优劣之分，主要是不同规模的企业如何利用自身优势，对市场需求做出创新性的反馈，而构建组织集群就是二者融合后探寻出来的大小企业优势互补的一种有效途径。当组织之间可以形成组织集群，实现组织外协同创新时，大组织发挥资源优势，小组织发挥灵活性和行为优势。如美国的硅谷、英国的苏格兰科技区、我国台北的新竹等，都是激活创新活力和创新协同效应的有益尝试。

自硅谷成立以来，各种高新技术开发区在世界范围内如雨后春笋般蓬勃发展，推动了各地区的区域创新和技术创新。美国硅谷是知识经济的发源地，硅谷因为半导体工业集群而闻名，101公路穿梭于硅谷，沿线聚集了多达8000多家的软件和电子科技公司。硅谷秉承"允许失败的创新，崇尚竞争，平等开放"的精神，成为世界上最成功的高新技术产业开发区。另一个闻名于世的是英国的苏格兰科技区，坐落在苏格兰中部。该区聚集了大量电子生产和研发、销售公司，其产出的集成电路产品占据英国市场的79%，以及欧洲市场的21%。其就业人数达到4.5万人，占电子工业就业量的近80%。我国台北的新竹科技工业区，自1980年设立，经过短短不足40年的发展，已经成为全世界最大的半导体硬件加工基地，实现了与美国和日本等半导体领先者共享市场的局面。

分析以上组织集群特点，由于创新的协同效应，整个集群都实现了高速发展，与现有学者研究的三个特点具有一致性：第一，企业会优先选择地理位置近的企业接触，通过不断学习的过程，形成较为稳固的交流圈层；第二，集群内的每个企业能力不同，所以享受到的集群优势具有较大差异性，同一个集群内部的企业间在自组织的过程会逐步呈现趋同性；第三，组织集群是组织间由无序到有序的自发过程，组织和组织之间，以及组织和环境之间都呈现逐步稳定的态势。[⊖]现在很多企业感到创新不足，其实很大程度是其与其他企业孤立且分离所导致的。当企业与其他企业在集群内协同创新时，释放出来的整体优势是不可估量的。

强链接

产业价值链的模式，在互联技术的影响下从线性、固化的供应链，向柔性的协同价值共同体不断演化，这一切都要求组织具有一种新的适应能力——"强链接"能力。互联技术导致组织生存在一个无限"链接"空间中，在这个无限链接的空间里，企业内部转向开放的、社区化的组织形态，企业外部则表现为以顾客为核心的相互链接的价值共同体，其基本特性是：企业内部多元分工，顾客与企业之间多向互动；价值网里每一企业的角色都随着消费需求而变，并在不同价值网里扮演多样化的角色；价值网里各角色之间是"超链接"和松散耦合的关系，已经不再是管控与命令式的关系。

与顾客的"强链接"决定企业生死存亡　在淘宝、苹果

⊖ 谭劲松，何铮. 集群自组织的复杂网络仿真研究 [J]. 管理科学学报，2009，12（4）：1-14.

AppStore、Facebook 社交网络等云平台上，消费者已经是积极能动、有能力、有判断、有选择的"链接"价值共创者，他们的需求不断被激发出来，他们的参与能力也不断被释放出来，面对这样的消费群体，企业需要足够的强链接能力，方可与其共处。企业与顾客之间，如果找不到一个合适的交互途径，顾客完全可以重新定义企业，重新定义行业。如果你对顾客需求停留在原有的经验和认知当中，在这个时代可能就没有机会了。

在快速迭代的数字化时代，但凡做得好的企业，都已经在认知上做了调整，开始注重构建与顾客之间的强链接。这些企业已经不再仅仅谈论销售额过千亿或其他标准，而是让企业价值在和消费者的深度互动所构建的强链接中，不断释放出来。面向消费者，真正实现以消费者为中心，提供个性化的产品和服务，是很多企业长久以来的梦想。在今天，大数据以及 IT 技术，使得梦想实现的基础条件已经具备。2018 年"双 11"的纪录：实现销售额 10 亿元只用了 1 秒（2017 年为 28 秒）；实现销售额 100 亿元，只用了 2 分 5 秒；实现销售额 500 亿元，只用了 26 分 3 秒；实现销售额 1000 亿元，仅耗时 1 小时 47 分 26 秒（2017 年为约 9 小时），覆盖了 200 多个国家与地区。每年阿里巴巴"双 11"的成交额的递增都在刷新人们的认知，让大家一次又一次看到企业与顾客之间强"链接"以及组织柔性的魅力。

如果存在一种好的交互途径，消费者可以成为与企业"强链接"的价值共创者。 以消费者为中心，提供个性化产品和服务一直是企业的梦想，而互联技术构筑了梦想和现实之间的桥梁。谷歌地图的每个 App 都可以获取数据，消费者为了获取交通状况信息，选择上传交通数据，分享所在地理位置的交通现状，从而使谷歌地图的信息更加翔实，更好地为消费者提供个性化服务。在这种互动的过程中，消费者已经无限链接到了"柔性价值网"中。小米公司出初始的 100 位铁粉，发展为百万粉丝群，约 10 万粉丝免费帮忙进行产品测试，约百万粉丝义务做营销，这为小米省下了不菲的营销渠道费用，而由于没有中间商，所以创造出了最大的性价比，从而在竞争激烈的红海中脱颖而出。这就是互联时代消费者成为共创者，带给企业无往不胜的力量。

"强链接"带来柔性价值网　　在我们所做的长达 26 年的中国领先企业研究中，协同供应以快速响应市场和顾客，是一家企业领先的根本能力之一。如何获得供应链效率，是很多企业管理者不断探索的方向，而形成高效的供应价值网络成为人们的共识。

最近几年来，供应链管理让位于价值网协同的共识，促使人们寻找实现这一共识的途径，云计算和大数据的出现，让这一共识有了实现的可能。数据的共享／交换，极大地提高了消费者之间、消费者与企业之间，以及企业之间的协作效率。新希望六和基于互联网技术搭建的"猪福达"平台，正是因为有超过 40 万养殖户在这个共同的平台上，才使得每一个养殖户与消费者、与新希望六和之间达成高效的价值网络，从而保证养殖过程可控，并与行业、市场做出有效的互动，进而提高养殖户的价值回报。

不久的将来，单向、僵化的供应链，将不再是企业间主要的发展模式，而灵活动态的价值网络协同模式将变得越来越普遍并产生良好的成效。这有点像体育运动队的模式，为了迎战奥运会，组建国家队参赛，围绕着这一目标，聚集最好的选手、教练、队医、设备及其他必要的构成要素,一个强大的国家队,一定是强大要素的组合,形成一个强大的价值网络,以确保在奥运会上取得成功,奥运结束后,比赛队伍解散。**这种动态的价值协同模式,其典型场景是:以一个任务、项目或订单为中心,快速涌现和聚合一批能够协同工作的企业或个人,每个角色都类似于各有专长的特种兵,任务完成后参与者迅速消退,临时性的"柔性共同体"自动解散。**按照这个模式,企业完全可以以消费者为中心,快速组合有效的价值协同者,让不同要素在一个共同目标下工作,并完成这一目标。一旦消费者新需求出现,同样可以围绕着这一新需求,构建一个新价值网,用新价值协同者提供新价值,这就是构建柔性价值网。

"柔性价值网"贡献于组织外价值共创 凯文·凯利在《失控》中总结"蜂群思维"时指出,20世纪"原子"是科学的图标,而21世纪"网络"是科学的象征。网络思维的出现和网络技术的运用,使得竞争对手常常不在一个维度上,打败摩托罗拉的不是其他厂商而是谷歌的安卓系统,使实体购物中心受挫的不是其他商场而是以淘宝为代表的电商,未来颠覆汽车行业的不是同行业竞争者,可能是无人驾驶。可见其最典型的特点是,"我们消灭你,与你无关。"[一]这就使得企业在互联网时代的发展逻辑呈现全新的改变,即无法识别谁是对手,不同的组合带来全新的可能。[二]伴随网状协同运作逻辑的形成、演绎与扩散,企业内的组织模式、企业的商业模式选择、企业间的协同模式以及企业和顾客的协同模式都发生了翻天覆地的改变。商业模式和管理模式被重新定义,组织从线性、确定

㊀ 刘慈欣. 三体[M]. 重庆:重庆出版社,2010.
㊁ 陈春花,宋一晓,朱丽. 不确定性环境下组织转型的4个关键环节:基于新希望六和股份有限公司的案例分析[J]. 管理学报,2018(1):1-10.

的世界，走向非线性、不确定的世界，互联技术为网络化链接提供了底层技术支持，"柔性化"成为网络化选择后可具备的突出特质。

"互联网即社会网"，"链接的"（connected）和"网络化的"（networked）是解开信息社会之谜的钥匙。[⊖]价值网模式成功的关键是从线性、固化的供应链，转化为"柔性价值网"。"柔性价值网"是自组织而成的社会子系统，其重要特征是开放性、动态性和适应性。柔性价值网的协同效应，伴随着云计算和大数据的出现成为可能。消费者之间、企业之间以及消费者和企业之间的协作效率普遍得到了提升，动态灵活的价值网协同越来越普遍，所以单向和僵化的供应链逐渐被淘汰。由此可见，构建"柔性价值网"的价值在于：第一，可以拓展组织的开放性，组织突破自身资源约束；第二，使得组织间由无序到有序，产生协同效应，提高组织外部效率；第三，降低组织的外部依赖，提升对"不确定"环境的适应性，实现组织持续发展；第四，内部结构和外部关系的调整，使得组织可以高效增值服务于顾客价值。

"柔性价值网"存在以下几个特征：第一，具有主体中心性，主体间关系由"强链接"构建，可以进行高效的资源交换，具有网络协同效应；第二，价值主体之间价值观相似，具有较强的信任关系，互惠协同；第三，具有开放性，边界模糊，可大可小，以保证价值网和外部的社会交换，以及灵活应变性；第四，主体间互动的原则是，价值共创和价值共享。所以，"柔性价值网"可以快速响应消费者新的需求，可以允许其介入到产品设计、生产、交付全过程，甚至是以销定产的 C2B 模式，使得组织外协同可以实现高效率的价值共创。

⊖ 罗家德. 复杂：信息时代的链接、机会与布局［M］. 北京：中信出版社，2017.

在互联网带来的无限链接的空间中，价值网内部必须是开放的、社区化的状态，这样才能有效利用机会和进行资源的高效传递，进而实现组织外高效协同。如一个消费者新需求出现后，价值网可以快速组建，形成"柔性共同体"，每一个价值网内的主体都成为特种兵，快速涌现和聚合完成项目、订单或是任务。阿里巴巴每次"双11"的成交纪录刷新，也是和供应商们成功组建"柔性价值网"的见证。销售额的迭代已经突破了传统意义上的商业瓶颈，让我们认识到了供应商融入"柔性价值网"，成为共创者之后的强大力量。根源于价值网主体之间的信任和价值共享，使消费者会信任"双11"价格是优惠的，商家由于信任给出低折扣，因而创造出世界级的销售奇迹。7-Eleven基本没有自己的直营商店，也没有一个工厂是自己的，更没有一个配送中心是自己的，却成为近百亿元人民币利润的零售企业。可见只要企业拥有"强链接"能力，将其利益相关者融入"价值网"中，就可以产生网络协同效应，实现高效率的价值共创。

"一切都在重构"，组织间关系也被彻底重构了，这是互联时代企业必须要面对的事实。企业处于一个更加互动、关联、开放的，类似于"生态系统"的格局中，所以企业的管理效率更加依赖于外部，组织绩效的获得也越来越依赖于外部。组织在这样的环境中生存，需具备"强链接"能力、构建柔性价值网以及形成共生逻辑，组织外协同已被时代赋予了全新的内涵。

"物竞天择，适者生存。"企业在不确定时代下的关键就是，将触角伸到组织外，实施组织外协同，这已成为数字化生存的必然选择。

第三部分

协同管理的生成

> 我们的一生，就其形式而言，不过就是由大量的行为习惯、情感习惯、理性习惯堆砌而成的。这些习惯有体系地将我们的幸福与悲伤组织起来，令我们无法抗拒地走向各自的命运，无论这命运结果如何。
>
> ——威廉·詹姆斯（William James），《习惯的法则》(*The Laws of Habit*)

| 第七章 |

协同价值取向及其塑造

人生的价值,应当看他贡献什么,而不应当看他取得什么。

——爱因斯坦(Albert Einstein)

如果要获得组织内外的协同价值，则需要企业从根本上做出改变。苏乐天和杜栋[1]指出，战略管理学家安索夫在1965年将"协同管理"概念引入管理学界，但协同管理概念一直模糊不清，协同管理的理论也尚未成型。互联网的出现使得不确定性成为环境的主要特征，组织边界必须内外打开，导致组织效率来源于协同而非分工，管理实践已经展示其生态协同的绩效，构建协同管理理论的实践基础开始涌现，在这样的背景下我们需要找到协同管理思想的哲学基础。

美国著名管理学家彼得斯（Tom Peters）在《寻求优势》[2]（*In Search of Excellence: Lessons from America's Best-Run Companies*）

---

[1] 苏乐天，杜栋. 协同管理研究综述与展望［J］. 科技管理研究，2015，35（24）：198-202.
[2] 托马斯·彼得斯. 寻求优势：美国最成功公司的经验［M］. 北京：中国财政经济出版社，1985.

一书中指出，没有强大的价值观和哲学信念，再高明的战略也无法成功。因此，厘清"协同管理"价值取向的基础具有重要意义。

在科学发展过程中，贯穿其中的是科学研究方法论，即一切具体科学的研究所遵循的共同的路线与方向，它内在于整个科学发展之中，随着科学的发展制约着科学的前进。从古至今科学研究方法论，要经历超越还原论、发展整体论，以及还原论和整体论辩证统一的三个演化阶段。在思维上的体现就是从具体到整体，再从抽象到具体的分析和综合，是相互交织的辩证思维过程。以"分"的精细化来解释"合"，以"合"的整体性认识"分"，当今管理学研究正处于超越还原论与发展整体论的两阶段之间。

《道德经》是"整体观"思想的重要来源之一，其中"恒无欲也，以观其妙；恒有欲也，以观其所徼"就是对还原论和整体论的阐述。"有欲观"（即还原论），强调认识事物由"形"（徼）开始，由"形"及"神"（妙）；与此对应，"无欲观"（即整体论）认识事物由"神"（妙）而及于"形"（徼）。"恒有欲"从还原论切入，可以精细化研究到元素、无机物、有机物，其优势在于精确度；而"恒无欲"从整体论切入，研究复杂的生物大分子、生物、人体、社会、宇宙等对象，其优势在于对复杂事物的整体解读和观测。由还原论到整体论，还可以从整体论到还原论，反复验证，互为体用，从而妙不可言（"玄之又玄"），二者融合，优势互补，是认识宇宙解开一切奥妙的钥匙（"众妙之门"），"还原论"和"整体论"的统一，体现在《道德经》中就是关于"有欲观"和"无欲观"的统一。

我国近代思想家严复曾在《天演论》中指出，"能群者存，不群者灭；善群者存，不善群者灭。""集大成，得智慧"，协同管理是东方智慧整体观和西方还原论指导下的东西方管理思想的辩证统一。

组织效率的来源由"分"转向"合"，强调人的才智和实践经验的重要作用，主张发挥人的个体能动性，充分"激活个体"；同时结合计算机信息处理方面的高能性，把世界成千上万的个体才智聚集在一起——"集合智慧"。因此我们不禁探寻，什么样价值取向的企业才能集合智慧获得持续发展？

价值取向属于价值哲学的范畴，是主体在面对冲突、处理冲突和矛盾时，所持有的基本价值立场，是直接决定、支配主体的价值选择的关键。在价值链重构过程中，企业的价值取向是面对激烈的市场竞争进行价值重新分配，以及处理各种矛盾冲突的"定海神针"，因此，研究什么样的价值取向才可以激活个体，什么样的价值取向才可以凝聚更多的智慧，是"协同管理"创造价值需要解决的基本问题。我们以协同管理软件企业为案例研究对象，深入挖掘"协同管理"高效价值创造的价值取向策略体系，并用"整体观"的东方智慧进行价值取向基础解读，最后从东西方融合的角度进行尝试。

一项关于协同管理价值取向的研究

这项研究旨在回答数字化时代下，如何让企业找到适合"协同创造价值"的基本价值取向，满足新时代管理的要求。我们采用理论抽样的准则,最终选定北京致远互联软件股份有限公司(以下简称致远互联),该案例企业的典型性以以下方式呈现:①管理思想是管理软件的灵魂,管理软件是管理思想的呈现。数字化时代下管理思想的发展和管理软件的发展密不可分,而东西方管理思想的融合重构于协同管理,对协同管理软件的深入研究,有助于深刻挖掘企业发展过程中蕴含的管理思想转变,以及管理思想数字化承载方式。②长期处于协同市场产品化服务领先地位,拥有上万家企业和政府客户,其发展历程和市场状况本身就具有典型性研究价值。③该案例企业自2002年成立已有17年的历史,协同管理数据资料保存完整,且我们自己也从2017年4月开始,深入企业内部进行企业战略咨询服务,获得真实的感受和一手资料。

致远互联一直专注于协同管理软件,拥有较为广泛的客户群和影响力,为我们的研究搭建了非常好的交流平台。我们与致远互联展开的"'协同管理'价值取向基础研究"[一],帮助我们去回答数字化时代下,如何让企业找到适合"协同创造价值"的基本价值取向,满足新时代管理的要求。下面我们来介绍这项研究所取得的成果。

致远互联于2002年正式成立,是中国协同软件产品研发、营销、服务及解决方案领先提供商,在发展过程中经历了产品型——生态型——平台型的转变。我们的研究团队自2017年起,便与该企业建立了长达三年的"协同管理"研究的合作关系。随着互联网技术和智能化技术的推进,我们很高兴地看到致远互联及其用户

[一] 陈春花,朱丽,徐石,刘古权."协同管理"价值取向基础研究:基于协同管理软件企业单案例研究[J].管理世界(增刊),2017. 13-21.

群,已经走在了协同管理创新前沿,该企业长达十多年在协同管理软件领域深耕细作,我们总结后提出了"协同五环"体系(见图7-1),在价值创造、价值评价、价值分配上也找到了自己的解决方案。

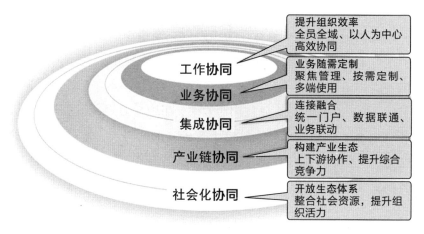

图 7-1 "协同五环"体系

资料来源:致远互联协同研究院。

第一环是工作协同,企业内部的工作协作,助力企业提升组织效率,加强内部协作,特别是针对中大型组织,如何完成复杂组织形态下的高效协同至关重要。第二环是业务协同,工作和业务相互融合,助力企业结合应用场景和业务需求,定制独有的业务应用,并结合用户所在行业,定制各具特色的业务应用场景。第三环是集成协同,助力企业打通信息流、数据流,消除企业信息孤岛,联动企业业务系统,保持企业信息口径统一,辅助企业管理者进行管理决策。第四环是产业链协同,企业要在生态中完成协作,比如说供应链、订单、交易、分享的协作,企业的生态和上下游之间要完成相互协作，由企业"管理"走向企业"运营"。第五环是社会化协同，通过构建企业信息化生态、整合社会资源、前后系统联动、数据广泛积累，助力企业实现创新营销及创新服务。

在这个组织内外边界重塑，跨界颠覆时有发生的时代，企业和企业之间的竞争越来越呈现为组织内以及组织间系统效率之间的竞争，而"协同五环"为我们认识系统效率提供了明确的关注方向。致远协同研究院在2013年对应用协同软件实施企业进行调研显示，该软件的运用可以从沟通效率、组织学习效率等多方面提升管理效率（见图7-2）。这是一个英雄辈出的时代，更是一个集合智慧的时代。外部环境需要集合更多的智慧才可以应对，而协同软件的实践为我们深入研究激活个体、实现集合智慧的可视化、流程可追溯和过程可衡量提供了可能。

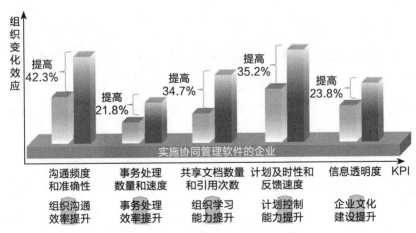

图7-2 协同软件实施企业的组织变化效应

资料来源：致远互联协同研究院，2013。样本量：2284家大中型企业、政府等。

致远互联董事长兼总裁徐石在谈到"协同管理"如何创造出价值时指出,"协同本身是一个生态,是从组织内到组织间,再到全社会的协同,比如我们谈到政府,其实就是G2B、G2C,也是一种协同。我们将整个企业的效能比喻为100%,协同不好的企业内部的耗散量可能超过30%甚至更多。这实际就是企业管理的黑洞,这个黑洞就是信息不透明,流程不可视,目标管理和它内外的协同管理处在一个非良性的状态,那么它的整个组织的效率,被大量地耗散,其实这种耗散,我们每一位企业经营者都要思考。协同管理的思想或是软件,可以找回这耗散的30%。假设一个不协同的企业一年只有365天,那么协同管理的企业,可以创造500天、700天甚至1000天的效益,所以它不仅仅是简单地解决效率的问题,协同管理还能解决企业创造更大价值的问题。"

价值链的关键环节承载着协作企业间的价值创造等活动,只有对不同价值链环节进行深入分析,才能凸显协同管理的价值取向。因此"协同管理"的高效价值创造的基本逻辑,需要从价值链角度切入进行研究。价值创造、价值评价和价值分配三个环节,是组织管理的核心命题。由于预期是否产生价值创造,是协同能否展开的关键,因此我们在此基础上增加了价值预期。价值预期、价值创造、价值评价和价值分配对应着协同管理的四个环节——协同价值预期、协同价值创造、协同价值评价和协同价值分配,我们逐一进行价值取向分析和归纳。

协同价值取向构建基础

在研究的过程中,我们收集了企业内部的相关资料,并与公司主要成员，包括总裁、副总裁、研究院执行院长、普通员工等十多人进行访谈，此外还以现场参与公开演讲和非正式访谈的形式，接触该公司的战略合作伙伴、供应商、客户等利益相关者，对实际情况进行了解。通过一系列的研究，我们得出协同管理价值取向的四个构建基础。

构建基础一：协同价值预期

价值观匹配策略是筛选协同伙伴的关键因素。价值观会影响人们的行为模式，它一旦形成则很难短时间内改变，因此以价值观选择协同伙伴至关重要。东方智慧中也有"士为知己者死""道不同，不相为谋"之说。价值观差异会带来全面的任务冲突、过程冲突和关系冲突。任务冲突是指协同主体对协同任务内容的看法不一致而带来的冲突；过程冲突是指协同主体对于完成协同预期目标的程序、方法、步骤等不一致带来的冲突；关系冲突则是指由于价值观和行为规范等不同而带来的对他人的自我价值、自我认同的否定行为。

冲突是一种交互行为，价值观的不同是导致冲突的来源之一，为了避免后期合作中的价值观冲突，最便捷的方式就是筛选价值观一致的伙伴。在价值观匹配策略中，协同主体间能达成合作意向的关键，是有良好的价值创造预期，在企业协同中最高的是价值观与文化的协同。比如我们的调研就发现，"**把去中心化组织的成员联系在一起的不是领袖，而是某个共同的理念与价值观**"。所以我们认为，价值观匹配可以降低未来冲突预期，达成协同主体间的价值观协同，以提高未来协同价值预期。

把去中心化组织的成员

联系在一起的

不是领袖

而是某个共同的理念

与价值观

协同互补策略决定了协同创造的增值程度。协同互补策略是指要找到协同双方的互补项，协同双方需明确各自的价值互补点，发挥各自长处。能力互补的团队成员，价值互补的企业，可以促进彼此的协同进步。特别值得一提的是，互补的差异性可以为主体间的协同提供多种选择，是创新的重要来源。合作伙伴无论实力如何雄厚，都不可能擅长所有环节，这就需要具有互补性的成员出现。最典型的例子，就是构成团队要素中关于"技能互补"的要求。**高效的团队需要同时具有三种技能：第一种是职能类的，就是能够解决问题；第二种是决策类的，就是可以做出选择并为选择负责；第三种是协调类的，即人际技能。**这三种技能很难在一个人身上全部获得。这就需要团队成员有互补性。如果团队成员没有互补的技能，而是能力相对比较一致，就会导致并未真正构成团队，这也是制约协同效应产生的关键。协同互补可以通过协同主体间能力或资源的互补，促进协同主体间的协同价值预期。

协同期望管理策略的实施有效性决定了协同是否可持续。期望管理的方式，一是降低期望收益，二是提高实际收益。允诺会影响对方的期望，因此要允诺可以给予的，而不要允诺不能给予的。在协同期望管理策略中，当有了协同期望以后组织就产生了链接。"协同期望能够达到'1+1>2'的时候，组织的期望值就有了……当个体价值发挥到极致，不能再放大的时候，他一定想寻求组织的协同期望"⊖，即用组织的方式，达成个体所不能做到的事。我们理解致远协同管理软件的作用，就会发现"协同工作平台可以充分支

⊖ 致远互联访谈过程中获取，具体请见如下论文中的协同期望管理策略：陈春花，朱丽，徐石，刘古权. "协同管理"价值取向基础研究：基于协同管理软件企业单案例研究 [J]. 管理世界（增刊），2017. 13-21.

持移动化、社交化和云架构,帮助摆脱组织扁平化、非结构化带来的管理困境"㊀。企业可以通过各种有效途径让伙伴了解协同软件的价值点,以及协同对象能创造什么样的价值增值,这不是允诺,而是预期,有了这样的期望,就可以帮助企业展开真正的协同管理。

构建基础二:协同价值创造

"以人为中心"是价值创造的动力源。管理理论"经济人——社会人——复杂人——文化人"的演变,以及德鲁克的"知识员工",都是管理"人本思想"的体现。在"以人为中心"的策略中,协同的核心是人本主义,以"人"为目的,以"人"为依靠,协同要基于人,同时协同的实施主体最终还是人。因此协同要基于人为主体才能真正有效果,回归到"以人为中心",才能真正促进协同价值创造。

价值点衔接策略可促进多方的价值整合。充分挖掘协同主体的相对长项,作为其加入价值链的价值着眼点,对提升价值链竞争能力具有重要作用。在价值点衔接策略中,协同运行策略可实现价值链的重新衔接。"互联网+从根本上说是通过技术、产业、人群、价值之间的协同来实现的……协同运行策略可实现价值链的重新衔接,产生的系统效应远大于各子系统之和……协同会使组织利益最大化。"㊁可见实现多方面的价值整合,可以形成大系统效率,创造

㊀ 致远协同研究院. 互联网+:工作的革命[M]. 北京:机械工业出版社,2015.
㊁ 致远互联访谈过程中获取,具体请见如下论文中的价值点衔接策略:陈春花,朱丽,徐石,刘古权. "协同管理"价值取向基础研究:基于协同管理软件企业单案例研究[J]. 管理世界(增刊),2017:13-21.

具有较强竞争优势的价值链，通过实现多方价值融合，促进协同价值创造。

目标嵌套策略可以形成协同主体目标融合。价值创造的过程中，必然会涉及不同主体的多目标嵌套。"协"是协作过程，而"同"是目标和结果。"任何一个组织包括致远都有自己的战略目标，战略目标一定会转成组织行为，因为组织需要执行这个战略目标，组织行为一定分解到每一个个人的行为，每个个人行为的集合如果可以达到组织的目标，这是最佳的状态。"[一]**个体一旦追求自身的目标就会使组织陷入混乱，因此找到目标契合点很重要**。满足多协同主体的嵌套策略，对价值创造过程具有关键作用。目标嵌套才能融合协同主体，保障协同价值创造，进而保证在完成各自目标的同时，完成大系统的总目标。

集合智慧策略是价值创造的核心保障。在集合智慧策略方面，"技术的存在，让个体的赋能和社会中的组织产生协同效应。价值成为企业经营的思想和内涵，其实协同软件，本身也是客户和软件厂商协同的过程。"[二]优秀客户为软件的发展和优化贡献智慧支持，实现帕累托最优。协同价值创造的关键落脚点是集合智慧，既是检验前一阶段协同价值预期的有效性，也为后两个阶段提供了可供评价和分配的基础，具有承前启后的地位，是协同价值创造四环节中的核心环节，激发和运用群体智慧为价值创造提供了有效保障。

[一] 致远互联访谈过程中获取，具体请见如下论文中的价值点衔接策略：陈春花，朱丽，徐石，刘古权. "协同管理"价值取向基础研究：基于协同管理软件企业单案例研究［J］. 管理世界（增刊），2017：13-21.

[二] 同上。

构建基础三：协同价值评价

长短期利益结合的协同激励是价值评价的关键。协同激励策略不仅应包含对短期产生协同价值的主体激励，还应包含暂时没有协同产出能力，但未来有较好产出能力的协同主体制定的特殊照顾策略。这样**既能让有当期价值产出的主体获得激励，还可让未来有价值的协同伙伴休养生息，蓄势待发**。在协同激励策略中，不同的伙伴会有不同的激励政策，尤其是有战略发展前景的合作主体。综合考虑短期和长期利益的协同激励，促进了协同价值评价的长远考量。

双向价值创造设计为协同价值评价带来多样化来源。协同价值具有两个方面的效果，一种效果是从产业成本重构的视角去获得价值，另一种效果是从拓展和创新产业价值的视角去获得价值。当进行协同价值评价设计的时候，可以同时考虑重构成本和拓展新价值为代表的多样化形式，即协同主体可以从产业成本重构中获得未来的价值分配，也可以从拓展新价值中获得未来的价值分配。当协同主体能够以多样化协同价值评价时，就可以寻求更大的空间多创造协同契机，有利于寻求更多的协同合作伙伴，同时在重构成本、拓展新价值等方面带来协同效应。同时，拓展新价值和重构成本的主体也可以有所不同，这样会增强协同评价多样化，为企业构建一个多样化的协同共生体系。双向价值创造策略，可以从不同主体拓展新价值和重构成本两个方面展开，为企业探索与其他主体共生的可能性，提供了更大的空间。

协同追踪控制为协同价值评价提供公平保障。管理就是要可衡量，不能量化，尽量概念化，不能概念化，尽量细化，不能细化，尽量流程化，因为不能衡量就不能管理。一旦管理过程量化，在协同价值评价过程中就可追踪、可衡量、可对比，这极大地降低了协同价值评价过程的评价风险。基于大数据和智能软件的支撑，企业协同过程的可追溯、可控制已经能够实现，因此应用协同行为的追踪策略，为协同过程的价值评价奠定科学、量化的标准管理手段，为可追溯和公平评价提供了有效手段，大大提升了协同价值评价效率，降低了协同价值评价难度。协同追踪控制策略，可以让协同价值创造过程可查，从而为后续协同主体间的价值分配提供证据。

构建基础四：协同价值分配

协同价值显性化为协同价值分配提供客观依据。"传统价值分配是不可评估的，而协同软件将贡献变得可测量、可评估、可比较。"协同价值显性化策略，是让协同效果真实可见的重要保障。野中郁次郎（Ikujiro Nonaka）和竹内弘高（Hirotaka Takeuchi）提出的隐性知识与显性知识的螺旋式模型中，包含知识外化的阶段。⊖ 协同软件可以实现将非编码的知识编码化，使得隐性知识显性化为企业共有知识并传递，是协同内外隐性知识的有效途径，也为价值显性化提供了技术和知识基础。在协同价值显性化策略中，协同软件将价值变得可以评估，使得使用软件的用户，能够将知识积累增长率提高 60% 左右，知识传递效率增加 80% 以上，知识共享提升 50% 以上。这充分显现了价值创造效果，为协同主体间的价值分配，奠定了量化的客观基础。

⊖ 野中郁次郎，竹内弘高. 创造知识的企业：日美企业持续创新的动力 [M]. 李萌，高飞，译. 北京：知识产权出版社，2006.

能否激活个体是协同价值分配好坏的重要标准。激活个体策略是评价协同体系有效与否的重要标准，需要说明的是，这个"个体"既可以是作为组织内的人的个体，也可以是协同系统中作为组织成员的个体。激活个体是协同模式有效程度的"试金石"。在激活个体策略中，致远互联每年的用户协同案例大赛，企业用户都积极参与贡献，用户个体被激活所贡献的价值持续优化了管理软件。当把价值分配环节做好时，价值创造过程中做出贡献的个体是能够感受到分配环节被公平对待的，并因此而对协同价值做出多的贡献。

协同溢价分配是协同主体进入下一个循环的关键。协同溢价分配策略是对协同溢价的最终分配，是整个协同价值创造的终结，是对协同溢价归宿的确立阶段，是协同价值分配的关键。在协同溢价分配策略中，"1+1>2"的溢价空间有一个分配策略。假设"1+1>2"溢价了，若2是成本，1+1=10，那么获得8的溢价空间，那8怎么分呢？需要有一个分配策略。[⊖]该阶段要首先明确协同双向价值创造的对象——协同溢价，以此为对象进行分配。这个协同溢价部分才是协同效应的价值创造的增值，有了这个增值的部分，会推动协同主体更强的合作协同意愿，把协同发展持续下去。

协同价值取向内涵

了解了协同价值取向的四个构建基础，以及协同价值管理的四

⊖ 致远互联访谈过程中获取，具体请见如下论文中的协同溢价分配策略：陈春花，朱丽，徐石，刘古权."协同管理"价值取向基础研究：基于协同管理软件企业单案例研究［J］. 管理世界（增刊），2017：13-21.

个环节——协同价值预期、协同价值创造、协同价值评价、协同价值分配后,接下来,我们在"协同管理"价值创造的四个环节上,分别进行价值观层面的解读,并指出每个阶段的重点。

协同价值预期阶段着重关注点为"诚"

协同价值预期阶段,即协同组建阶段。在协同管理的四个环节中,协同价值预期是协同开展的前提。通过证据示例和归纳得出,具体分为三种策略:价值观匹配策略、协同互补策略、协同期望管理策略。该阶段通过价值观匹配方式,组建互补性的协同关系,从而对未来形成较好的协同预期。该阶段是协同关系组建的阶段,建立有效协同链接,为后一阶段协同价值创造奠定基础。从人性与哲学的层面去理解,保证协同价值预期产生的心心相连的关键是"诚","**诚"能决定协同双方是否在一起,以及能在一起走多远**。所以我们认为该阶段的价值取向为"诚"。

协同价值创造阶段着重关注点为"利"

在协同管理的四个环节中,协同价值创造是协同的核心。协同价值创造阶段,即协同工作过程。通过证据示例和归纳得出,具体分为四种策略:"以人为中心"策略、价值点衔接策略、目标嵌套策略、集合智慧策略。该阶段充分重视人的重要性,通过价值点衔接的方式,建立可嵌套多协同主体的目标,从而集合智慧进行协同价值创造。协同创造价值,该阶段的价值创造是协同管理的本质呈现。因此**协同价值创造的关键是"利而不害",保障协同价值创造阶段集合智慧的关键是"利"**。

协同价值评价阶段着重关注点为"信"

协同价值评价阶段，即协同成果评价。这个阶段最为关键的是**对于利益分配部分，一定要"言而有信"**，否则对于协同关系的维系，带来的伤害是毁灭性的。在协同管理的四个环节中，协同价值评价阶段是承接协同价值创造，开始协同分配的基础。通过证据示例和归纳得出，具体分为三种策略：协同激励策略、双向价值创造策略、协同追踪控制策略。该阶段要结合长短期利益进行协同行为评价，同时从成本和收益方面进行协同价值创造，并建立协同行为追踪策略以定量评价。协同激励环节让协同主体不仅相信能获得客观的短期协同评价，还会结合长期利益进行价值评价，取信于"民"。同时在协同价值预期和创造后的协同评价环节，关注双向价值创造，"言必信，行必果"，进行双向的价值让利，让协同主体创造价值后真正得到认可。因此，保障协同价值评价阶段被接受的关键是"信"，无关对方的"信"与"诈"，自己都要始终选择相信，在协同价值评价中，"信"贯穿始终。

协同价值分配阶段着重关注点为"不争"

在协同管理的四个环节中，协同分配是整个协同过程的结束，也决定了下一个协同价值创造周期能否延续。协同价值分配阶段，即协同成果分配阶段。通过证据示例和归纳得出，具体分为三种策略：协同价值显性化策略、协同溢价分配策略、激活个体策略。"不争"的协同价值分配理念，类似于"共生逻辑"，就是指**企业在价值分配时，不能仅仅关注自身利益，而要保障协同主体同时获利**。该阶段将协同价值显性化，进行协同溢价分配，不仅可以使分配标准清晰可见，而且可以让个体清晰感受到，不协同完全无法获得如此高价值的创造。正如先贤所言，"圣人之道，为而不争"，因此保障协同价值分配阶段激活个体的关键是"不争"。

综上所述，根据四个协同环节对应的价值创造过程，探寻了协同管理体系构建和关键环节的哲学思考，第一阶段协同价值预期阶段，是组建协同团队的阶段，所以重要的是以"诚"动人，特点是"柔"。第二阶段协同价值创造阶段，是协同的工作过程，关键是价值创造，要"刚"性地保持"利"的准则不动摇。第三阶段协同价值评价阶段，是协同的成果评价，关键是要保持"刚"性的"信"，说一不二。第四阶段是协同价值分配阶段，要在原来"刚"的基础上，以"不争"的"柔"，刚柔相济完成价值分配，以提高下一个协同行为的产生概率。因此**将协同管理的价值取向归纳为"诚、利、信、不争"，刚柔并济，共同打造"协同管理"高效价值取向体系**（见表7-1）。

表7-1 "协同管理"价值取向体系

高效价值创造环节	协同管理策略汇总（刚）	东方智慧解读（柔）	融合重点（刚柔并济）
协同价值预期（价值预期）	价值观匹配策略	诚	柔
	协同互补策略		
	协同期望管理策略		
协同价值创造（价值创造）	"以人为中心"策略	利	刚
	价值点衔接策略		
	目标嵌套策略		
	集合智慧策略		
协同价值评价（价值评价）	协同激励策略	信	刚
	双向价值创造策略		
	协同追踪控制策略		

（续）

高效价值创造环节	协同管理策略汇总（刚）	东方智慧解读（柔）	融合重点（刚柔并济）
协同价值分配（价值分配）	协同价值显性化策略 协同溢价分配策略 激活个体策略	不争	刚＋柔

资料来源：陈春花，朱丽，徐石，刘古权."协同管理"价值取向基础研究：基于协同管理软件企业单案例研究［J］.管理世界（增刊），2017：13-21.

"诚、信、利、不争"为导向的"协同管理"价值取向，是以东方智慧的表述方式来呈现的，为了更好地帮助读者去理解其背后的机理，可借助"组织公民行为"，以"类比"的方式，将"公民"类比成各个"协同主体，"而"组织"拓展为"协同主体组成的整体"，组织公民行为类比为"协同公民行为"。借鉴西方"组织公民行为"来理解"协同管理"价值取向背后的机理，具体如图7-3所示。

基于"诚、信、利、不争"为导向的"协同管理"价值取向进行的"协同公民行为"，是以志愿主义和功利主义两种机理作为支撑的。由此可见，价值取向基础背后的动机是多层次的，既有高尚的"利他"，也有实用的"利己"，西方管理思想的"利他"和"自利"分别可从"社会认同理论"和"社会交换理论"进行解读，而东方管理思想的解读是"上善若水"和"善有善报"。东西方管理智慧均指出，价值观基础背后的双重动机同时存在，为"协同管理"源自东方智慧价值取向动机的深入研究，开拓了一种可能的科学化、定量化、可操作化的研究途径。企业管理者要注意到以上**"诚、利、信、不争"**价值取向，能否浸润公司文化，形成指导企业行为的基本准则。

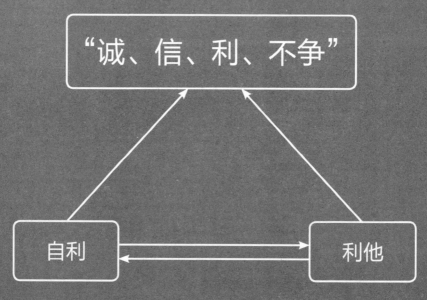

a）东方智慧

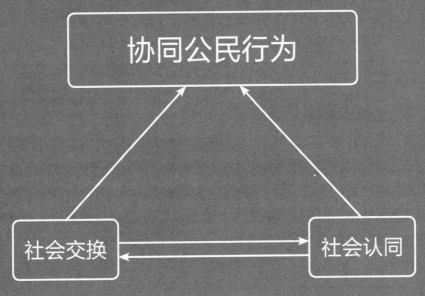

b）西方管理思想

图 7-3　协同管理价值取向——东方智慧与西方管理思想之融合

价值取向力量

妙法师父关于《西游记》中人物的表述,可以触动我们去了解协同价值取向的内涵。"唐僧原来讲的是自己修自己的小乘佛法,不能成就无上菩提。所以观世音菩萨化现成一个老和尚,指点唐僧去西方拜见佛祖,求取大乘经典。西天取经的路实际上就是唐僧自度度人的修行之路。而修行之路不是平坦的,充满了艰难险阻。唐僧的三个追随者,实际上集中体现了众生'贪、嗔、痴'三种恶习。猪八戒代表贪欲重的人,贪财、贪色、贪名、贪利、贪吃、贪睡……所以给他取名八戒,意思是只有守戒才能熄灭贪欲,只有守戒才能获得智慧,所以叫悟能。孙悟空代表那些有本事、有能力但脾气大的人。取名悟空,就是告诉这些人要知道一切无常,万法皆空的道理。而沙悟净是指那些生性憨厚的'老实人',因为不明白佛法,造下了杀生吃肉的罪业,取名悟净是要他修净行,要想出离三界必须慈悲不杀。而身为师父的唐僧,四大皆空,不被财色名利所吸引,在生死存亡之际视死如归,宁向西方一步死,不向东土一步生。"㊀

这四个人物的描述,也可以理解为什么是唐僧西天取经成功,他拥有着内在的价值取向和依靠。我们很喜欢华为芭蕾脚的广告,痛并快乐着。企业要想活下去,就是在挑战不可能,战胜自己,痛并快乐着。而在战胜自我的路上,价值取向就是指路明灯,它的作用就是指引我们,在"贪、嗔、痴"诱惑的生死存亡之际,"宁向西方一步死,不向东土一步生"。

诺贝尔经济学奖获得者赫伯特·西蒙(Herbert Alexander Simon)

㊀ 妙法老和尚:一个懂佛的人应该这样理解《西游记》[EB/OL].[2011-12-02]. 学佛网. http://www.xuefo.net/nr/article10/100532.html.

提出了"管理即决策"㊀，提出决策判断有两个前提，一个是"价值判断"，另一个是"事实判断"，这充分说明了价值取向在企业日常决策中的重要作用。企业价值导向为其决策指明了方向，而对于价值导向的信仰成了企业发展的强大精神支柱。《基业长青》（Built to Last: Successful Habits of Visionary Companies）一书中指出，"让你与众不同的不是你的信仰，而是你相信的程度。"㊁对于企业而言，企业的价值观本身并不会产生绩效，产生绩效的是价值观管理。

我们在《企业文化塑造》中指出，"战略改变而企业文化却并未加以改造，仅在原有的基础上开发新事业、新产品，大部分企业变革都会失败。"㊂**文化是支撑战略落地实施的有效工具，战略的有效达成必须以契合的价值观为基本保障。**在当前巨变时代的新经济形势下，企业在激活内部员工和协同内外利益相关者的过程中，重新进行企业文化和协同价值导向审视，已经成为企业协同管理发展的战略抉择。有效的企业管理，可以将生产要素不断地优化组合，整体功能大于要素的简单加总之和，带来"1+1+1>3"的"三个臭皮匠顶个诸葛亮"的功效；而无效的管理，不仅不会有协同效应，还会造成生产要素之间的损耗和互斥，整体功能甚至会低于要素的简单加总，导致"1+1+1<3"的"三个和尚没水喝"的困境，最终企业和员工可能都会被市场淘汰，这无疑是让人痛心的事。

正如马克思所言，"凡是由许多人进行协作的劳动，过程的统一和联系都必须要表现在一个统一的意志上，表现在各种与局部劳动无关而与工厂全部活动有关的职能上，就像一个乐队要有一个指

㊀ 赫伯特 A 西蒙. 管理行为［M］. 北京：机械工业出版社，2009.
㊁ 吉姆·柯林斯. 基业长青［M］. 真如，译. 北京：中信出版社，2009.
㊂ 陈春花. 企业文化塑造［M］. 北京：机械工业出版社，2016.

挥一样。"①实践不断证明，人员的价值观不同，会导致完全不同的管理结果。决策者在战略选择、领导方式、顾客服务等方面，都会体现自身鲜明的价值取向特征。在员工方面，则是对于工作性质的理解、工作的态度、期望得到的待遇等部分。在组织间成员方面，则是对组织间合作基础的理解、价值贡献、利他结果等。当彼此价值取向不同的时候，归属感缺失、不满意、冲突就会产生，也导致无法产生协同价值。

"企业文化就是无形的生产力"，每一个企业都有自己独特的价值观、风俗、仪式等，这些都有效地影响着企业的行为，企业文化成为一个软环境，无形之中引领着内部员工的行为，同时又在无形之中影响着顾客，影响着企业的合作伙伴。

华为的客户接待水平令国内外客户震惊，其客户服务体系是多部门的系统参与工程，一切工作都在组织流程下进行。基于其业务特点，华为采用了矩阵制管理模式，虽然存在多头领导和职责不清的组织结构设计弱点，但是华为从签订合同到实际供货只需要4天时间，正是"华为精神"将部门之间的配合管理做到了极致。奈飞和谷歌也都是在竭尽全力地打造一支"梦之队"，一支用共同价值观统和的队伍，这支队伍既可以让组织内部的效率得到极大发挥，又能够让组织与外界共生伙伴之间达成高效服务顾客，创造价值的结果。

在这个万物互联的时代，任何企业都需要在文化内化过程中，重新审视自己的价值取向——是否保有协同的价值取向？是否有能力做到"诚、利、信、不争"？

---

① 马克思. 资本论［M］. 北京：人民出版社，1975.

| 第八章 |

管理层的反应及其对员工的影响

> 一头狮子率领的一群绵羊，可以打败一只绵羊率领的一群狮子。
>
> ——拿破仑（Napoléon Bonaparte）

西蒙·多伦（Simon L. Dolan）与萨尔瓦多·加西亚（Salvador Garcia）合著的《价值观管理：21世纪企业生存之道》认为，"了解员工个人以及集体的价值观，对于任何企业的成功来说，都已经从一种选择变成一种责任。没有什么比管理者忽略员工和企业文化更危险。由于劳动力市场的短缺，北美已经形成了一个卖方市场，知识型员工以及受过更多教育的员工的增加，使得有效的人力资源管理成为区分企业优劣的重要标准之一。与在新技术、研发、竞争战略和质量方面的努力相比，管理和开发员工能带来更高的投资回报。传统的命令和控制模型抑制了创造力的火花，而创造力对于变革和适应多变环境以及培养成功竞争的能力来说是很关键的。21世纪的变化推动了对组织结构和经营理念的重新思考，并朝向组织文化的更新发展。在传统的官僚制基础上和稳定的内外环境下形成的刚性管理模式，在今天混乱的世界和科技变革中，对当今的组织

来说已经摇摇欲坠。"㊀

管理者的作用和魅力在于，同样的人和资源在不同管理者作用下绩效产出差异极大，如何适应 21 世纪不确定的环境，是管理层面对的首要问题。既然管理和开发员工潜力成为适应多变环境和竞争优势的新来源，那么现实中管理者对于员工的关注度如何呢？我们来看下面一组数据。美国猎头公司 Harris Allied 2017 年调查结果显示，**仅 3% 的管理人员认为，管理现有团队是他们最为紧迫的事**。这个数字表明，管理者对于公司内部的员工忽视，导致了内部人才绩效无法被释放出来，这是一件管理者必须认真对待的事。

我们的调研也证明了这一点，在对 200 家企业员工工作绩效的调研中，我们发现一个普遍现象：

5%～10% 的员工，与企业对着干，无论是企业制度还是企业规定，他们都不认同；15%～40% 的员工，工作成果不合格；20%～25% 的员工，对于自己的工作成果没有认知的能力，做得好和做得不好，他们都找不出原因，只是靠着自觉去做；20%～25% 的员工，高绩效工作。

也就是说，公司中有约 50% 的员工没有正常产生绩效。大部分员工都很努力，但为什么绩效结果不尽如人意？这个现象引发很多研究学者去研究背后的原因，绝大部分的结论是，管理者没有真正发挥作用，因为员工的绩效是由他的直接上司决定的。

㊀ 西蒙·多伦，萨尔瓦多·加西亚. 价值观管理：21 世纪企业生存之道 [M]. 李超平，译. 北京：中国人民大学出版社，2009.

无论是管理现实，还是管理研究，都引发我们在关注协同管理这个主题时，从管理层的反应展开讨论。

管理层的主要假设

我们一直关注组织成员如何调整自己的行为，以适应组织发展的要求。在过去的组织发展结构中，成员适应组织发展行为包括对组织的认同感、积极的建设性行为、主动承担责任，或者消极怠工、厌倦与逃避以及不满自己在组织中所处的地位等。过去一系列的组织理论，包括我们前面介绍的科学管理原理、行政组织理论以及人力资源理论等，都是针对这些员工的适应性行为来得出解决方案。今天，我们需要探讨协同效率，如何让员工具有适应性的行为，正是我们需要解决的问题。我们先来看看巴纳德界定的"经理人员的三项基本职能"⊖（见图8-1）。

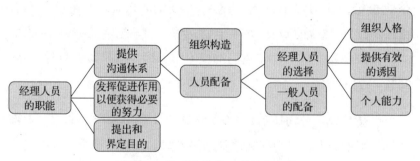

图8-1 经理人员的三项基本职能

在《经理人员的职能》（*The Functions of the Executive*）这本书

⊖ 切斯特Ⅰ巴纳德. 经理人员的职能 [M]. 王永贵, 译. 北京：机械工业出版社, 2007.

里，巴纳德告诉我们，经理人员的职能重在维持一个庞大而复杂的协作努力的体系，他并不是在管理着一群人，而是在协调、指挥着组织的一系列活动。一个公司的总经理亲自去推销商品、一个大学校长直接给学生上课等类似的工作是不属于组织的管理工作的，这只是在履行一个普通组织成员的职能，但这些工作可能比其专门化的管理工作更有价值。实际上，经理人员的工作是管理工作和非管理工作的混合体。经理人员的职能重在维持一个庞大而复杂的协作努力的体系，他并不是在管理着一群人，而是在协调、指挥着组织的一系列活动。他不是独立的个体，其活动是非个人性质的，依存于整个组织的活动，与组织的其他成员以及整个组织活动休戚相关、相互联系、相互影响。所以，巴纳德认为经理人员的职能是：①提供沟通体系；②发挥促进作用以便获得必要的努力；③提出和界定目的。㊀

而从阿吉里斯（Chris Argyris）的观点来看，根据正式组织的原则，管理层可能会做出下列假设：①组织中能够发挥作用的人际关系只有组织结构图和组织手册中定义的那些关系；②人们在组织中的行为表现遵循着明确的逻辑思维；③只有在存在合乎逻辑的动机和有明确沟通的前提下，下属才会按照组织目标和组织环境的要求去做；④管理者负责解决问题，因此他最清楚应该做什么；⑤完成工作需要依靠领导者的职位权威，必要时可以采用说服和强制的方式来执行；⑥组织底层的员工如果理解企业面临的经济问题，将会有不同的行为表现。㊁

㊀ 陈春花. 我读管理经典［M］. 北京：机械工业出版社，2015.
㊁ 克里斯·阿吉里斯. 个性与组织［M］. 郭旭力，等译. 北京：中国人民大学出版社，2007.

借用两位管理大师的研究结论，我们整理出**有关协同管理活动中管理层应有的三个基本假设：一是管理者明确而清晰的价值取向，对于员工和合作伙伴的重要性；二是管理层需要提供合理的沟通体系以促进员工和合作伙伴的必要努力；三是合理而有效的激励对于形成协同行为的重要性。**

管理者明确而清晰的价值取向

巴纳德认为，"经理人员责任的突出标志，是不仅要符合复杂的道德准则，而且要为别人制定道德准则。有关这方面的职能，最常见的工作是：在组织中确保、创造和鼓舞'士气'。这是向组织或合作系统和客观权力体系灌输观点、基本态度和忠诚的过程。这一过程会导致有关个人利益和个人准则的'小规定'服从于合作整体的利益，而且其中还包括树立工艺标准的道德（这也是重要的）。"⊖万物互联、开放协作、共生融合的时期，对经理人员的职业道德水准提出了更高的要求，巴纳德的观点尤其具有现实指导意义，他认为企业的存续时间同它的道德范围（或水平）相适应，这给了我们启发和帮助。

我们来看看日航的实践。稻盛和夫先生 2010 年赤手空拳接手日航，一年多，日航就成为世界上盈利性最好的航空公司。稻盛凭什么？他不是航空专家，也不是财务专家，更不是航空经营专家。但他知道，日航的没落是日航人一手造成的，日航的重新辉煌也只能靠日航人双手铸就。能量就在那里，他所要做的，就是果断走进

⊖ 切斯特 I 巴纳德. 经理人员的职能 [M]. 王永贵，译. 北京：机械工业出版社，2007.

日航人的内心，唤醒他们的生命意识，释放能量，提升日航效益。他好像在说，兄弟姐妹，我这个78岁的老人准备好了，要与你们一起直面困难、垂直攀登，你们准备好了吗？稻盛的切入，深深地从内外改变了日航的场域。每个人内心深处的热情被点燃了，敬天爱人这种根本性的思维方式，被充盈到组织的每一根末梢。

与日航在经营层面大刀阔斧的变革相比，稻盛对员工精神世界的改造可能对这家公司影响更为深远。"稻盛先生当会长以后，不是在具体的经营方针上做指导，而是用他的稻盛哲学在意识形态的更高层面让大家明白，事情怎么会变成这样，或者是发生这样的事情谁来负责。原来大家都不是很明确，他用自己的哲学让大家在精神层面上有一个新的认识。"横田惠三郎说。

柯林斯在《选择成就卓越》（*Great by Choice*）一书中，描述"10倍领先的领导力"中第一个特征就是"高度自律"。高度自律是指，在整个发展过程之中，不论环境如何改变，都对价值观坚守，对长期目标坚守，并且坚持高水平的绩效标准，而乱世中随波逐流的结局很可能是死路一条。[①]所以管理层的高度自律，明确而清晰的价值观牵引，对于组织成员的影响是至关重要的。

提升组织绩效的最大契机完全在于管理层能否提升组织成员的工作效能。无论是企业内部还是企业外部，组织成员能够贡献价值，是在于他们清晰地理解价值取向与道德判断，他们能够在获得信任的组织环境中，发挥作用。他们也因为管理层的明确价值指引，从而坚定了自己的选择。

---

① 吉姆·柯林斯，莫腾 T 汉森. 选择成就卓越［M］. 陈召强，译. 北京：中信出版社，2012.

最优秀的领导者

不要求别人为他服务

而是为共同目标服务

....

最优秀的领导者

没有自己的追随者

而是与大家一起奋斗

提供合理的沟通体系以促进员工和合作伙伴的必要努力

福列特曾说,"总经理的主要工作是协调,但是除非有了定义明确的目标,否则无法成功地整合企业内部。总经理应该有能力在任何时候定义工厂的目标,或者整个目标群。他应该看出短期目标与长期目标的联系。他应该看出任何建议、任何单独计划与公司总目标的联系。他应该在考虑任何手头的问题时,审议提出的解决方案,观察它是否能够促进公司的主要目标。还有,他应该总是能够总结公司的目标并指出离目标还有多远的距离。总裁报告应该总结目前取得的成果,涵盖尚未达成的目标,指出未来需要努力的目标。它应该鼓励进一步的努力,并清晰阐述应该努力的方向。它不仅仅是激励,也是明确任务的手段。最重要的是,他需要让同事理解,奋斗的目标不是他个人的目标,而是大家的共同目标,它产生于群体的期望和活动。

最优秀的领导者并不要求别人为他服务,而是为共同目标服务。最优秀的领导人没有追随者,而是与大家一起奋斗。我们发现如果领导者不常发号施令,而专家不限于建议的工作,下属——包括经理和工人——会对领导力产生不同反应。我们希望鼓励合作的态度,而不是服从的态度,只有当我们在为一个如此理解并定义的共同目标奋斗时,才能达到这种效果。"㊀

我们深受福列特的影响。福列特很早就已经分析了在什么时候竞争能够变为一种合作。例如,贸易联盟的形成,在这种形式中,

㊀ 玛丽·福列特. 福列特论管理 [M]. 北京:机械工业出版社,2007.

竞争者结成联盟并形成一个产业，为最终消费者提供最高质量的产品和服务。再例如，合作信用系统，涉及学徒学校的贸易，同产业间管理者的合作和专业联合组织。正如她所表达的那样，职业经理人协会、动态及联盟并不是在高度全球化竞争中所产生的一种新的理念，它只不过是福列特观点的一种新的阐述形式而已。而这也让我们很好地理解了合作与冲突之间的异同，以及建设性的冲突、真正有效的合作等，这些理论和观点对于今天所谈到的协同管理具有极大的指导意义。

我们认同福列特的观点，管理层需要明确定义整个群体的目标，并鼓励进一步的努力，清晰阐述应该努力的方向，并确保明确的沟通及传递。最重要的是，管理层需要让员工和合作伙伴理解，奋斗的目标是大家共同的目标，它产生于群体的期望和活动。这也指明了**管理层需要从定义整体目标开始，通过有效的沟通，让成员理解共同的目标并为此努力和贡献价值。**

如果大家熟悉弗雷德·菲德勒（Fred E. Fiedler）的书《让工作适合管理者》[⊖]（*Engineer the Job to Fit the Manager*），这部被管理学家们称为"不可忽视的领导学理论"著作，就会知道他非常强调，领导的效果完全取决于环境条件是否有利，其中一个最重要的结论是：其中一个环境因素就是领导者与成员的关系，指下属对其领导的信任、喜爱、忠诚和愿意追随的程度，以及领导者对下属的吸引力。所以，管理层要真正建立起彼此的信任，就需要持续有效地沟通，形成整体目标意识以及愿意为此付出努力的行动。

⊖ 弗雷德·菲德勒. 让工作适合管理者 [M]. 北京：中国科学出版社，1965.

合理而有效的激励对于形成协同行为的重要性

我们都清楚，激励在组织管理中是一个不可或缺的技能，也是个体行为研究的核心内容，激励与员工的工作行为、工作业绩和个人的满意程度有着直接相关的关系。激励被定义为一系列引导人们以特定的方式行事的管理活动，激励与个人的能力及所处的环境共同决定了个人的绩效。无论是管理实践还是激励理论，都让我们明确理解到，一个人的工作绩效是由三个关键因素决定的：个人的能力、工作环境和激励。从这个意义上看，激励的重要性不需要再做说明。从协同行为的角度看，其本质与个人行为与激励的关系相一致，如果管理层能够设定合理而有效的激励机制，就可以引导人们以协同的行为去完成工作。

彼得·圣吉（Peter Senge）在《第五项修炼》（*The Fifth Discipline*）中，对于建立"共同愿景"这项修炼的内涵做了明确的界定，"尽管这项修炼叫作建立共同愿景，但是这个说法纯粹是为了方便而已。实际上，愿景只是引导组织深层热浪的其中一个组成要素，这些指导原则的核心是共同的目的感和使命感。如果有一项领导的理念，几千年来一直在组织中鼓舞人心，那就是拥有一种能够凝聚并坚持实现共同愿景的能力。建立共同愿景对于组织价值观的形成，特别是对于组织凝聚力的强化具有重大影响，同时，这一修炼显然是组织目标形成和组织成员目标认定的必要前提。"而且，彼得·圣吉归纳了"建立共同愿景"中所包含的各项要素。

（1）愿景：我们想要的未来图像。
（2）价值观：我们如何到达我们的目的地。
（3）目的和使命：组织存在的理由。

（4）目标：我们期望短期内达到的里程碑。[一]

如果激励组织成员形成共同的愿景，所释放出来的价值是极为巨大的。以华为为例，其作为世界领先的通信设备提供商，提出了"开放、合作、共赢"的生态发展理念。华为认为开放合作成为趋势，以前行业中的竞争多、合作少，而未来合作将会越来越多。基于此，华为认为建设更美好的全连接世界，不可能仅靠华为一家实现，而是靠全行业、合作伙伴及政府共同合作来实现。组织想要更好地拓展市场，就应该采取更加开放的策略，谋取共赢之道，通过优势互补实现与产业链上下游组织的多方合作，更务实地推进开放平台建设，与大家一起做大产业链规模，在共赢之中实现自己的发展。

巴纳德指出，"组织要想持续存在，有效性和效率都是必不可少的。而且，组织存在的时间越长，这两者的必要性就越突出。"对于什么是组织的有效性，即效果，巴纳德很明确地提出，"组织的活力在于成员贡献力量的意愿，而这种意愿要求一种信念，即共同目标能够实现。如果成员在进行过程中发现目标无法实现，这种信念就会逐渐削弱并降到零。这样，有效性就不复存在了，做出贡献的意愿也就随之消失了。"这就是说，组织的效果实际上是组织成员对于共同目标实现所认同的程度以及所贡献的程度，组织成员认同组织目标并愿意为此付出努力的时候，组织效果最大。对于效率的界定，巴纳德认为，"意愿的持续性，还取决于成员个人在实现目标的过程中所获得的满足。如果这种满足少于个人所做出的牺牲，这种意愿也会消失，组织就没有效率。反之，如果个人的满足

[一] 彼得·圣吉. 第五项修炼 [M]. 张成林, 译. 北京：中信出版社, 2009.

超过其牺牲，做出贡献的意愿就会持续下去，组织就富有效率。"也就是说，效率取决于组织成员个人获得和付出的比较。如果获得大于付出，组织效率就高；如果组织成员获得小于付出，组织效率就低。[一]而保持成员意愿的方法是什么？就是有效而持续的激励。

协同管理重在让一个庞大而复杂的合作体系正常运作，体系中的个体不仅代表组织本身，更代表了组织中的每一个成员。这就意味着，组织的平稳发展需要成员的协作和配合，进而完成一系列活动。因此，一方面，组织需要承认并且尊重成员的独立性。另一方面，组织需要采取行动，让个体和组织更好地融合。因此，这套有效而合理的激励体系，需要一方面尊重组织个体成员的需求和价值，另一方面解决组织个体成员与组织整体目标之间的融合问题。在今天，几乎每个企业都在商业的各个领域建立了生态网络联盟，每个联盟都力图通过建立伙伴关系达到总体大于部分之和的效果，这为构建有效的激励系统奠定了基础，也为企业开发这套系统提供了真实的可能性。

对于协同而言，以上就是管理层的三个基本假设，下面我们需要分析管理层的价值观对员工和合作伙伴可能产生的影响。

管理层价值观及其对组织成员的影响

为了让组织文化提供持续竞争优势，巴尼（Jay B. Barney）建议了三个条件：第一，文化必须有价值，其必须能够使一个企业所做的事情带来高的销售收入、低成本，以及高的边际收益，或者让

[一] 陈春花. 我读管理经典 [M]. 北京：机械工业出版社，2015.

企业以其他方式增加财务价值,因为财务绩效是一个经济概念,为了产生绩效,文化必须要有积极的经济效果;第二,文化必须是稀有的,其必须具有与其他大多数组织不一样的特点;第三,文化必须是难以模仿的,没有这些文化的企业无法进行那些可以将其文化转变成为该文化的活动,如果它们试图模仿这些文化,相对它们试图模仿的企业,它们将会有许多不利(声誉、经历等)。企业文化的本质是行为习惯而非概念,当文化从理念转化为行动时,文化才能奏效。㊀

作为文化的核心,价值观满足上述所有要求才有资格成为一种核心竞争力。无疑,价值观本身非常重要,这也是几乎所有的中国企业都一直通过模仿发达国家的成功企业来构建它们的价值观的原因,但事实上,很多公司误解了这些成功公司的秘密并且高估了价值观本身的功能,甚至以为价值观可以自动地转化成为生产力,表面上看很多中国企业都有令人振奋的价值观,但这些企业中仅有少数是成功的。因此,价值观是否能够产生绩效不仅仅取决于价值观本身,也取决于价值观的管理。事实上,正是价值观的管理而不是价值观本身令竞争对手难以模仿,并构成了组织真正的竞争优势。

价值观之所以产生作用,关键在于把价值观转化为行动及结果的管理过程,而管理层对此负责。只有管理层对基本价值观的持续承诺,才能表达出企业的价值取向和定位,也才能让价值观真正表现出对员工的期望、引导和约束力。公司管理层在向内外传递企

㊀ 陈春花. 从理念到行为习惯:企业文化管理 [M]. 北京:机械工业出版社,2011.

业价值观的时候,具有监督和系统管理的责任。管理层的价值观不同,其管理实践的成效将千差万别。管理层所表现出来的价值取向,会直接影响员工对于工作性质的理解、工作期望的满足、个人和组织的判断等方面。当员工所感受到的管理层价值观与公司愿景不一致时,他就会缺乏归属感,感到不被认可,对公司不满意,甚至发生冲突或是离职等。

阿里巴巴的价值观管理实践

我们的团队成员研究阿里巴巴的案例时,记录了阿里巴巴所做过的一个实验。阿里巴巴曾经邀请教授到公司进行了一项实验,所有的管理者被分成三组,第一组被要求在15分钟内找出手表的15个近义词,15分钟后,这一组刚好完成了15个;第二组被要求在15分钟内找出尽可能多的近义词,结果这一组找出了7个;第三组被告知他们要找出35个,否则他们就失败了,并且35个只是及格线,这种高要求驱使第三组在同样的时间内找出了39个词,因此,阿里巴巴意识到了有挑战性的具体目标的价值。就寿命愿景而言,阿里巴巴在1999年创办之初确定要成为80年的组织,2004年,在其成立五周年之际,阿里巴巴又提出了更高的要求,将目标定为至少102年,这是阿里巴巴的新价值观:一个真正伟大的组织应该能够跨越三个世纪,因为阿里巴巴成立于1999年,因此102年是阿里巴巴梦想成为一个伟大组织的基本标准。

马云表述了新商业文明的价值观——我们有一个梦想,正如马丁·路德·金一样,10年之后,商人不再是一种唯利是图的象征,商人将成为社会发展的主导力量,由互联网创造的商人将是诚实的、开放的、负责任的和全球化的。这种价值观的具体指标是：阿里巴巴将会成为创造1000万家小企业的电子商务平台，要为全世界创造1亿个就业机会，要为全世界10亿人提供消费的平台，通过1000万企业的平台，让所有的小企业可以通过技术、互联网、电子商务，跟任何大型企业进行竞争，也希望阿里巴巴的消费者能够享受真正的物美价廉的产品，更希望利用阿里巴巴的服务，任何一位老太太，都不需要再去银行排队缴电费。

我们来看看阿里巴巴用价值观驱动企业成员和合作伙伴所取得的成效：根据阿里巴巴的财报，2018年，阿里巴巴集团收入为2502.66亿元，年度活跃消费者数达到5.52亿人，集团平台成交额突破4万亿元，达到4.82万亿元。支付宝是阿里巴巴在2004年首创的安全便捷的第三方支付平台，2019年1月9日支付宝正式对外宣布，全球已超过10亿注册用户，其中海外用户超过3亿，月活用户超过6.5亿。《阿里巴巴零售平台就业机会测算与平台就业体系研究报告》指出，2018年阿里巴巴零售平台总体上为我国创造了4082万个就业机会，其中包括1558万个交易型就业机会和2524万个带动型就业机会。此外，阿里巴巴与中国残联在2015年共同启动互联网助残就业计划，目前残疾人网店已经达到16万家，并有数万人担任客服工作。阿里计划在未来5年内投入3亿元资源，培训10万残疾人，创造5万个适合残疾人的网络就业机会。根据《阿里巴巴脱贫工作报告》，2018年国家级贫困县在阿里巴巴平台网络销售额已经超过630亿元，其中超过100个贫困县网络销售额达到或超过1亿元。迄今为止，阿里巴巴已形成以零售平台为引擎的全产业链各环节协同发展的信息时代新商业生态体系。

正如我们得到的研究结论[①]那样（见图8-2），阿里巴巴的使命、愿景、核心价值观以及一些行为准则不仅仅是价值观管理的一部分，也是驱动所有组织成员真正信仰并执行这些价值观的凝聚力来源。

米尔顿·罗克奇（Milton Rokeach）在1973年编制的"价值观调查表"（values survey），是广泛被采纳的关于价值观的调查表。在罗克奇看来，价值观是按照一定的逻辑意义联结在一起的，它们按一定的结构层次或价值系统而存在，价值系统是沿着价值观的重要性程度连续排列而形成的层次序列。他把价值观分为两类，终极价值观和工具价值观。终极价值观（terminal values）是指个人价值与社会价值，用以表示存在的理想化终极状态和结果，它是一个人希望通过一生而实现的目标。工具价值观（instrumental values）是指道德或者能力，是达到理想化的终极状态所采用的行为方式和手段。

这也是我们研究阿里巴巴案例时关注的问题，以及我们现在讨论达成协同行为的关键之所在。正如罗克奇对价值观的定义那样，价值观决定个人、企业和社区的行为方式和手段，也决定着人们理想化的终极状态和结果。在一个广泛互联的社会里，无论是商业模式还是人们之间的交互方式，甚至生活方式都发生了巨大的改变，这样的背景下，更是需要清晰的价值观来协同大家的行为方式。

[①] 陈春花，刘祯. 阿里巴巴：用价值观领导"非正式经济事业"［J］. 管理学报，2013（1）：22-29.

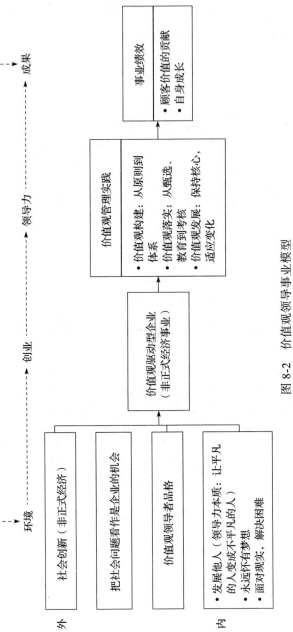

图 8-2 价值观领导事业模型

相信"利他导向",以致力于共生作为企业价值的标志

德鲁克早在30多年前就预言,"21世纪的公司将更像一个社区……既是一个知识社会,也是一个组织社会,因为只有通过组织化的实践,知识才能够产生效用。而且,这个知识社会中的企业更像一个社会化和网络化的非营利机构。"⊖这些研究表明,今天的企业更需要关注价值观对于组织内外成员的影响,这要求管理层明确自己的价值观,而且更需要在价值观体系中相信"利他导向",把致力于共生成长作为企业价值的标志。

稻盛和夫创立了两家进入世界500强的日本企业,以78岁的高龄接掌日本航空,而此时的日航已经是完全亏损,同时全球航空业正面临着巨大的成本压力和持续经济低迷的挑战,他用一年的时间创造了日本航空的奇迹。深究他缔造两个世界500强企业神话背后的驱动力量就会发现,正是他毕生所倡导并力行的最简单的为人之道:爱人与利他。

曾有机会现场聆听过一次稻盛和夫的演讲。他介绍说他常常问自己,也常常问他的经营团队:"做人,何以为人?"稻盛和夫一上任就给日航全体员工写信,传递他的"利他哲学",鼓励日航员工更加努力地工作,在他的身体力行带动下,日航员工的心态发生了深刻的变化。稻盛和夫2010年赤手空拳接手日航,仅一年多的时间,日航就成为世界上盈利性最好的航空公司之一。

阿里巴巴的使命是,让天下没有难做的生意,从中可以看出马云对于"利他"的认知。马云认为,未来经济一定是利他经济。

⊖ 彼得·德鲁克. 巨变时代的管理 [M]. 北京:机械工业出版社,2019.

2014年马云就指出，相信别人要比你重要，相信只有别人成功，你才能成功。Data技术的核心就是利他主义。2015年马云在阿里云栖大会的主题演讲中提出，"利他"思想是DT时代最了不起的思想。星巴克创始人舒尔茨也秉持着"利他"的理念，2017年在清华的演讲"为什么星巴克最重要的不是股东，而是员工"中指出，"一路走来，我们所做的许多决定都并不完全出于经济利益的考虑。事实上，我们想说，我们做出的许多关键决策，都不是从经济利益出发的，甚至经常反其道而行之，但恰恰就是这些决策最后让我们获得了巨大的商业回报。"舒尔茨在当天还宣布了一项重要举措，星巴克为所有符合条件的全职中国员工，全资提供父母重大疾病保险。

其实，协同管理中有一个秘诀，也是管理者重要的品质之一，就是坚持利他。当一个管理者从利他的角度思考和行动时，领导气质、魅力和绩效就会同步呈现。有研究显示，"利他主义可以充当组织运行的'润滑剂'，提高团队士气和凝聚力，成员之间可以互相帮助，互相进步，减少企业的培训成本和管理成本。"而神经学的实验得出，利他主义对个体有正面的精神反馈，可以带来愉悦感。所以管理者如果能秉持利他的管理哲学，不仅可以增加团队凝聚力，而且可以形成积极、正向的团队氛围和价值观。每一个员工都会被管理者利他的行为所感染，进而在团队内部传递利他行为，帮助更多的员工共同成长。

陈春花在不丹静修时，仁波切开示说：佛教说慈悲不是为了佛陀高兴，佛教讲的是因缘和合，当你帮助别人的时候，也一样有返照，帮助到自己。平时为自己想的人，就好像将一把盐放在一杯水里，这杯水你自己也无法喝下去；为别人多想想，就是将一把盐放在一桶水里，此时的水是可以喝的。的确，如果我们只是为自己，最后可能连一杯水都没的喝，如果我们学会为他人，就会有一大桶水喝，多么简单的道理！

有效的沟通及其对组织成员的影响

沟通是指为了设定的目标，凭借一定的符号载体，在个人与群体间传达思想、交流情感与互通信息的过程。按照沟通的定义，沟通的内容至少应包括四方面的要素：①事实；②情感；③价值取向；④意见观点。管理沟通则是指为实现组织目标而进行的组织内部和组织外部的知识、信息的传递和交流活动。管理沟通不同于一般意义上的沟通。管理沟通是围绕企业经营目标而进行的信息、知识传递和理解的过程，是实现管理目标的媒介，也是企业有效运作的润滑剂。正如巴纳德认为，"管理者最基本的功能是发展与维系一个畅通的沟通管道。"㊀

沟通还必须包括两方面的含义，即意义的传递与被理解。我们知道，无论多伟大的思想，如果不传递给他人或被他人理解，都是毫无意义的。换句话说，**沟通必须得到理解或者形成共识。**因此，**沟通并不一定要使对方完全接受自己的观念与价值，但一定要使对方完全明白你的观念与价值。**

正因为此，"管理沟通是任何组织有效运作所不可或缺的，其

㊀ 切斯特 I 巴纳德. 经理人员的职能 [M]. 王永贵，译. 北京：机械工业出版社，2007.

主要作用有以下三方面：第一，管理沟通是润滑剂。不同的员工具有不同的个性、价值观、生活经历等，这些个体之间的差异必然会导致一些矛盾和冲突。通过管理沟通，可以使员工懂得尊重对方和自己，不仅了解自己的需求和愿望，也通过换位思考，彼此理解、信任，使工作关系变得融洽。第二，管理沟通是黏合剂。它将组织中的个体凝聚在一起，将个体和组织黏合在一起，使组织中的员工在组织的发展蓝图中将个人理想、个人发展和组织愿景结合起来，通过努力工作实现。第三，管理沟通是催化剂。研究表明，一些规模中等、制度健全的组织，其员工平均只将15%的潜力施展在工作之中。主要原因是员工不清楚组织发展的目标，也不明确组织的发展目标和个体之间的关系。良好的管理沟通可以通过上司与下属、员工之间的交流，增进员工对组织目标、愿景的了解，从而激发员工的内在潜力和潜能，使大家团结一心、众志成城，实现组织目标"。⊖

有效沟通对企业内部员工的影响

在我们团队早期研究管理沟通课题的时候，有一个小案例给我们留下了深刻的印象，我们在这里继续引用，以帮助大家理解有效沟通对员工的影响。

当公司最终不得不采取大幅裁员时，内德·巴恩霍特先生制定了严格的规则：员工只能从他的直接主管处得知被裁的消息。每件事都必须在部门内部得到解决，并关注每个计划和每个员工。于是

⊖ 陈春花，曹洲涛，张春阳. 管理沟通 [M]. 广州：华南理工大学出版社，2007.

公司的裁员活动以 2/3 的时间沟通，1/3 的时间执行的方式进行着。第一轮的沟通从内德·巴恩霍特先生开始，他头一次在向华尔街汇报业绩前动用了公司内部的播音系统，因为他希望员工们从他这里得到裁员的消息，而不是从 CNBC 广播电台。他首先感谢每个人为削减成本和降低工资所做的贡献，然后陈述了经营恶化的状况。接着详细说明了为何裁员不可避免，将有多少人会丢掉工作，这一裁员数字由何而来，以及这一"痛苦"的过程将如何进行。员工们都从广播中听到了他那疲惫而无奈的声音。第二轮沟通由执行裁员的经理完成。这些经理被要求参加了一系列持续一天的培训课程，在那里进行角色扮演，学习和知晓遣散员工的正确及错误方法，以及换位思考、倾听等沟通艺术。内德·巴恩霍特先生要求每位经理尽量做到诚实，比以往更加敞开大门，并且认真回复每一个问题。而员工可以随时随地地通过电子邮件和面谈的方式与高层管理人士进行沟通。内德·巴恩霍特先生本人，也在半年中向大约 2 万名员工发表讲话或是回答了他们提出的问题。

员工们的士气和热情并没有因为大幅裁员而受到影响。公司对于被裁的员工提供离职补贴并帮助他们寻找工作，被裁的员工也采取了特殊的方式与公司告别：一位员工在离开公司前的最后几日，并没有把时间花费在更新个人简历，或是下班后伺机窥探电脑资料上，而是更加努力工作，工作时间更长，并且她的工作热情和在职期间最有效率的时期相媲美。她是这样评价她的 CEO 等领导者的："我对他们不得不这么做感到难过，以尽可能好的方式结束工作是我送给他们的礼物！"⊖

⊖ 陈春花，曹洲涛，张春阳. 管理沟通 [M]. 广州：华南理工大学出版社，2007.

这个案例一直深深地影响着我们，如果管理者与员工坦诚相对，让员工得知全部的信息，以及所遭遇的情形，员工就会和管理者一起来面对困难并解决困难。但可惜的是，许多公司花了大量的时间和精力以便更好地了解顾客的设想、评价和行为模式。很多大公司每年都会安排预算，固定地投入大量资金进行观察研究、成立专门小组、分发征询赠券，甚至设立信息交流台以便深入了解顾客。但是很少有公司投入同样的资源和精力去理解员工，去了解员工的需求、行为模式以及设立及时的回应机制。但是，我们都很清楚，其实，只有企业员工才真正了解、关心并能够满足顾客的需求。

美国民意调查公司从1950年开始曾调查了200家企业的雇员关于沟通方面的意见。1983年的调查结果表明，有23%～43%的员工希望企业能够倾听他们的意见，即希望加强企业内的向上沟通；多数员工对所在企业的双向沟通评价较低。调查者总结说："最高管理者在员工需要他们的时候，反而离他们越来越远。"员工们还反映说，他们现在所得到的有关企业的大部分信息几乎都来自"小道消息"，而他们更希望从管理者、管理工作会议或发行的出版物中得到这些有用的信息。

1982年由托马斯、佩里思、福斯等咨询公司联合发起的对26家美国和加拿大企业的调查，得出大致相同的结论。员工们从"小道消息"获得的信息量仅次于顶头上司，90%的人都希望顶头上司成为"优先信息源"。研究还指出，如果顶头上司和经理等正式沟通网络不能完全满足员工的信息需要，则不受控制的、非正式的沟通网络将成为企业经营方针与发展方向的基本信息源。

这些现象并未随着时间推移而消失，相反，互联网时代，**如果管理层不做出主动的有效沟通，员工们会更容易从不同的渠道获得"小道消息"，那些不受控制的、非正式的沟通网络则会更加广泛地影响着员工，进而直接影响企业的发展。**

有效沟通对于企业外部成员的影响

日本奈良有一个世界一流的旅馆，每年春夏两季游人如织，但每年四月以后，燕子便争相飞到旅馆檐下，筑窝栖息，繁衍后代。招人喜爱的燕子都有随便排泄的不懂事之处，刚出壳的雏燕更是把粪便溅在明净的玻璃窗上或雅洁的走廊上，尽管服务员不停地擦洗，但我行我素的燕子总会在旅馆留下污渍。于是，客人不高兴了，纷纷找服务员投诉，影响效益的危机出现了，有关人士大伤脑筋。但不久，这种现象便渐渐消失了。原因是客人们看到了一封"燕子"写的信。

女士们、先生们：

我们是刚从南方赶来这儿过春天的小燕子，没有征得主人的同意，就在这儿安了家，还要生儿育女。我们的小宝贝年幼无知，很不懂事，我们的习惯也不好，常常弄脏你们的玻璃窗和走廊，致使你们不愉快。我们很过意不去，请你们多多原谅。

你们的朋友：小燕子

寻找欢乐的游客见到小燕子的信，都被逗乐了，肚子里的怨气也在大笑中悄然散去。

看到这里，相信你也会会心一笑。这就是与企业外部成员沟通，建立信任，达成理解并产生价值。在许多研究中，人们指出工业经济和信息经济两者的区别：前者以生产者为主导，采取"自上而下"的传统管理结构，以生产数量为基础，追求规模效益，批量化地生产相同的产品；后者以数字化和网络化为表征，以客户为主导，以质量为基础，提供定制服务和突出个性的产品。这意味着在网络技术的背景下，企业沟通的技术及方式会以全新的形式出现，而借助于企业与外部成员之间的有效沟通，可以让各成员企业协同创造，提供更有效的服务与产品，可以让顾客获得更好的价值体验。

身为经济专栏作家的艾维·李（Ivy Ledbetter Lee）利用新闻工作的经验和从工商界得到的知识，致力于更好地沟通企业界和报刊媒介，建议公司改善各种关系。他曾使当时世界上最富有的约翰·D.洛克菲勒（John D. Rockefeller）从一位冷酷、贪婪的大亨变成一位乐善好施的慈善家，也曾使深受罢工风潮困扰的一些公司改善形象。由于艾维·李的成功，后人将其称为"公共关系之父"。如果我们从"公共关系"的视角去看待今天一家企业所要面对的各种关联和影响，就不难理解为什么需要建立好企业的外部沟通了。

当企业处在一个无限链接之中时，企业所面对的挑战会更大，越来越多地面临各种诸如语言、价值观念、心理、传统习俗、行为方式、态度等的挑战，这些挑战最需要借助于有效沟通去解决。有效的外部沟通，也就是公共沟通，是一种独特的管理职能，它可以帮助企业建立和维系与企业外部成员，甚至包括公众之间的良性关系，使得外部成员可以了解、接受，并建立相互的信任与合作，有时也包括问题和纠纷的处理，甚至需要协调与公众和政府的关系。

作为协同管理中重要的构成部分，有效沟通可以帮助企业评估企业外部成员以及公众的态度和利益，检视外部成员对于企业政策、立场以及价值判断的理解与接纳程度，可以帮助企业与外部成员之间达成共识，或者相互理解，以建立每一个成员与企业之间利益与价值判断的一致，并设计和执行彼此认可的行动计划，从而获得共同的成长与发展。

互联网技术帮助企业更有效地展开组织沟通，当然也带来挑战，因为沟通的干扰因素变得更多，干扰变得更加容易。公共关系权威柯特利普和森特⊖（Scott M. Cutlip & Allen H. Center）曾这样评价公共关系，他们认为公共关系是用有计划的努力来影响意见的过程，即以相互满意的"双向传播"（two-way communication）为基础，以好名声和负责任的行为影响舆论的有计划的努力。借用他们的这一观点，有效的沟通也是用有计划的努力来影响企业外部成员意见，并形成相互满意的双向沟通，以确立彼此负责任的行为，影响共同目标实现。

的确如此，在万物互联的背景下，任何企业的生存和发展都有赖于企业与外部成员形成价值共享与共创的过程，也有赖于良好的公众环境的培植以及和谐的公众舆论的认可和支持。我们之所以强调有效的沟通，正是源于此，借助于有效沟通的管理职能，帮助企业获得外部成员的协同与价值创造，从而获得更大的成长空间。

⊖ 格伦·布鲁姆，等. 有效的公共关系［M］. 明安香，译，北京：华夏出版社，2002.

局部利益与整体利益及其对员工的影响

作家沈石溪先生的小说《斑羚飞渡》[○]描写了一群被逼至绝境的斑羚身上发生的惊心动魄的故事。七八十只斑羚被狩猎队逼到戛洛山的伤心崖上,伤心崖与隔河对峙山峰之间相距六米左右,从山底向上望去宛如被利斧从中间劈开的一线天,两座山峰都是笔直的绝壁。虽然斑羚在食草类动物中,属于善于跳跃、肌肉发达的,但在水平线上跳跃的极限也只有五米远,母斑羚、小斑羚、老斑羚只能跳出四米左右。就在斑羚们发现进退维谷,狩猎者们本以为这群斑羚已成瓮中之鳖,得意扬扬之际,惊人的事情发生了……

在镰刀头羊一声吼叫之后,整个羊群迅速分为两个队伍,一队为老年的斑羚,另一队为年轻的斑羚。老年的斑羚队里面有成年斑羚、老斑羚,年轻的斑羚队有小斑羚、刚成年的大斑羚、中斑羚。镰刀头羊开始不断调整这两个队伍的数量,年轻斑羚队中自动走出来几只年轻的斑羚尾随着头羊,进入了老年的斑羚队,直至两队数量大致相当。狩猎者做梦也想不到的事情发生了,斑羚采用一老一少结对的方式,年轻斑羚先开始起跑,老年斑羚紧随其后,径直跳向山涧对面。年轻的斑羚跑到悬崖边,纵身一跃,向山涧对面跳去。老年斑羚紧随其后,头一钩,也从悬崖边纵身一跃。凭借娴熟的跳跃能力,一老一少,一前一后,一高一低,老年斑羚正好在年轻斑羚的蹄下,就像飞船完成了空中对接一样,年轻的斑羚四蹄结结实实踏在老年斑羚背上,猛蹬了一下,犹如踏在了跳跃板上,下坠的身体奇迹般升高,年轻的斑羚轻巧地落在对面的山峰。而年老的斑羚在年轻斑羚的猛蹬下,犹如断翅的鸟儿笔直下坠,跌落悬崖,粉身碎骨!

○ 沈石溪. 斑羚飞渡 [M]. 北京:北京联合出版公司,2015.

每一只年轻斑羚成功飞渡，都意味着一只老年队斑羚的粉身碎骨。一对对斑羚腾空跃起，在山涧上空呈现了一道道让人眼花缭乱的生命之"弧"。老年队的斑羚没有任何一只偷偷溜入年轻斑羚队，整个过程没有拥挤，秩序井然，快速飞渡。斑羚在面临种群灭绝的危难时刻，竟然会想出用牺牲一代换取下一代的方法，摆脱种群灭绝，这个故事深深地触动着我们……

任何自然环境下的生命体，都有生存并延续的本能，这种生生不息的延续，让我们面对大自然深感渺小，同时也对自然界任何一种生命力，充满了无限的敬畏。反观组织也如任何有机体一样，具有初创期、成长期、成熟期、衰退期的生命周期，那么组织本身有没有如斑羚一样的生存能力呢（愿意为整体的可持续牺牲局部的利益，为整体的发展付出个人的努力）？在现实的管理中，个体利益和组织利益总是存在着很多摩擦，部门之间为了保护既得利益不断设障；而组织个体的利益与价值网络或者社会网络的利益也存在冲突或者不和谐，从而导致局部利益和系统利益的冲突。

在组织管理中，较常见的就是"部门墙"。企业发展之初，人员较少，管理非常简单，部门墙也并未呈现。伴随着规模的不断扩大、业务的增加和人员的扩充，组织流程越来越复杂，同时管理水平在不断升级中难免滞后，呈现在部门之间就是职责划分不清、空白地带增加、推诿扯皮。员工们的心理也在逐步改变，开始从企业向单一部门过渡，部门之间的权力争夺和责任推诿，导致部门间距离越来越远，部门墙也就相伴慢慢滋长成形。

2010年，华为一位内部员工发表了一篇文章，提出华为管理的十大"内耗",此文在2010年被《华为人》评为2010年华为之最。这篇文章直奔企业的问题本质,在十大问题之首,就是"无比厚重的部门墙"。作者在文中写道,"一般产品出问题,我们都是互相推卸责任,经常最后发现谁的责任都不是……通信产品非常复杂,结合部模糊地带也很多,推卸责任还是很容易的。"你看到这段文字的时候,是不是有似曾相识的感觉,其实很多企业都存在这些现象。作者继续写道,"还有就是内部协调起来特别困难,如果不是自己牵头或者自己部门牵头的项目,就很难调动资源了。我们很多主管一般都只提出自己部门内部相互协作,希望协作中能给自己的组织带来好的绩效,当自己的部门要协作外部门时,就开始推三阻四了。"作者认为,"这种自私的假协作最终带来内外都不协作,很多时候都在做布朗运动,这种运动对大企业来说是灾难性的。"⊖

华为经过内部大讨论,展开了拿掉"部门墙"的管理提升,持续推动流程化组织的建设。华为在流程建设方面,首先从方法论上确定了规则,即"流程的核心要反映业务的本质,还原以后,该是谁的就是谁的"。然后,针对三大业务流,建立对应的三个系统,即IPD(产品集成开发)、LTC(机会至收款)、ITR(售后),同时用流程IT的方式进行固化。最后,在"以客户为中心"的理论指导下,进行组织配置,包括责任人、考核方式等,保证盲人也能共同拼出一头真正的大象。这也许就是今天我们看到华为18万人凝成一人的原因之一。

相对于企业内部的"部门墙",企业之间的合作则会有不同的挑战。在我们对于数字时代的环境变化研究中,其中一个需要关注

⊖ 华为内网"心声社区"。

的特征是，大多数的创新都是现有事物的重组。如果一家企业不能够构建企业外部价值网络，不能够实现组织间的协同，也许就失去了获得新价值创造的机会。从另一个视角看，如果企业不能获得外部组织的协同效应，员工很难获得从外部而来的新信息和交流学习的机会，创新也就缺乏了源泉，在封闭的组织内很难获得快速成长。而我们今天看到的所有获得成功的优秀企业，它们都可以很好地整合外部资源，更广泛地展开合作创新，以更大的价值创造面对顾客。

"由外而内"一直是制定战略的基本原则之一，也许在工业时代，由外而内的要求，是指外部的环境或者顾客端；到了数字时代，由外而内的要求，增加了企业与整个生态系统的关系，企业与协作成员之间的关系，企业与产业合作伙伴的关系，企业能否基于整个系统、整体价值来发挥协同效率并创造整体价值，是"由外而内"的新价值。

管理者对员工的影响是最直接和可见的，如果管理者只关注部门利益，那么"部门墙"是无论如何都拿不掉的；如果管理者只注重自身企业的利益，那么，让员工主动关注企业外部成员的利益，应该是不太可能的；如果管理者只关注局部利益，从内而外，员工也很难会为整体利益做出贡献。上行下效的力量是巨大的，如果管理者言行一致，在系统利益和局部利益冲突时，时刻保护系统利益，员工行为也会调整到维护系统利益上来；反之，则可能带来系统利益的损失。

局部利益是系统利益的异化

关于异化的界定，在哲学上是指"主体发展到了一定阶段，分裂出自己的对立面，变为了外在的异己的力量"。具体而言，系利益才是能够贡献于组织目标的。然而，随着组织的不断扩大，由于不同的个人或是部门对组织目标贡献的价值有所差异，为了让部门更好地贡献于组织利益，组织不断将这些个人或是部门的利益进行分配和扩张。当利益开始慢慢扩大，个人或是部门为了保护这部分既得利益，开始以局部利益为重，不惜损害系统利益。原本系统利益分化出来的局部利益，是为了保证系统利益的获得，但是却带来局部利益的扩张和分裂，这种现象在任何组织中都是普遍存在的。当然这种现象的产生，在组织情境下有三种原因：第一，是因为职能分工，分工为部门划分了职能边界，边界之间衔接之处就产生了不和谐的因素；第二，是问责机制的存在，导致在责任不清的部分，相互推诿扯皮；第三，既得利益丰厚，占山为王意识强烈。

华为在这方面进行了成功的尝试。华为的模式大家关注比较多的是华为财富分享计划，其实在华为模式中，还有权力分享计划，也就是财富与权力共享模式。权力分享计划的设计，让华为员工能够更好地面对自己的责任与公司整体责任之间的关系，可以帮助组织内成员轮换岗位，并保持一致性。权力分享计划让权力不再固化在角色上，也就相应地解决了利益固化的问题，也解决了个人只为局部利益考虑的问题，个人也就没有归属部门的利益固化。有一次我们去华为调研，其中一项介绍令我们印象深刻，华为海外员工，每三年就会轮岗，我们觉得这个设计很独特，因为一个人到一个新国家，第一年熟悉，第二年融入，第三年可以发挥作用了，但是这个时候却被轮岗了，这不是很浪费吗？华为认为这不是浪费，因为如果一个员工对自己的工作非常熟悉，也会进入舒适区，进入舒适区就可能产生懈怠；如果持续固化在这个地方，则会带来不协作的可能性。可见，岗位轮值对于打破局部利益和系统利益的不协同是一种有益的尝试。

华为轮值模式在2004年开始推行，任正非指出，"过去的传统是授权予一个人，因此公司命运就系在这一个人身上。成也萧何，败也萧何。非常多的历史证明了这是有更大风险的。""轮值期结束后并不退出核心层，就可避免一朝天子一朝臣，使优秀员工能在不同的轮值CEO下，持续在岗工作。一部分优秀的员工使用不当的情况不会发生，因为干部都是轮值期间共同决策使用的，他们不会被随意更换，使公司得以持续稳定发展。同时，受制于资本力量的管制、董事会的约束，又不至于盲目发展，也许是成功之路。"㊀华为轮值模式的设立，让企业不需要依赖任何一个人进行传承，优秀的员工可以有更多的机会脱颖而出。

《圣经·民数记》中记载了一件事：在以色列人尚未进入约旦河以西的迦南地时，有流便和迦得两个支派提出他们想定居在约旦河东岸，不想过约旦河，也不想要约旦河以西的土地，他们认为约旦河以东地区适合他们放牧。摩西并未直接否决他们的要求，但提出了他的担心：以色列人本该早就进入迦南地，但因为他们惧怕迦南地本族人，而使进入迦南地的时间推后了四十年。现在，如果他们提出不进入，势必会影响到全体成员，这样一来，又会重蹈四十年前的覆辙。所以摩西提出了一个解决方案，同意他们留在河东地区，但是需要先完成整体目标，保护以色列人的整体利益，两个首领答应了。在这个故事里，摩西做法的启示是：**当团队整体利益与局部利益发生冲突时，管理层要担当协调者角色，通过有效的沟通以及协调局部利益与整体利益而达成共识。**

㊀ 华为内网"心声社区"。

| 第九章 |

培养卓有成效的协同管理行为

管理者不同于技术和资本,不可能依赖进口。

中国发展的核心问题,是要培养一批卓有成效的管理者。

——彼得·德鲁克

我们在本书中关注的核心命题，就是如何获得组织的系统整合效率，到现在为止，整本书的框架都围绕着这个核心去展开，以便人们可以认识到协同管理中的基本观点、原理、相关概念，以及企业边界和组织内外部的协同。尽管我们所提出的观点，还需要进一步完善，但是，我们为能够在互联网技术与数字技术为背景所需要新组织效率的时候，率先提出我们的观点而感到高兴。

无论是在管理实践还是管理组织理论中，管理者这个角色都发挥着极为重要的作用，都要求管理者具备引领组织成员朝向组织目标努力并实现目标的领导力。"管理者作为正式组织的代理人"⊖，他必须清楚自己所肩负的责任，并能够真正承担起责任。德鲁克

⊖ 阿吉里斯. 个性与组织 [M]. 郭旭力, 等译. 北京：中国人民大学出版社, 2007.

在谈及领导力时，也指出真正的领导力应由获得追随者的能力来衡量，自认为是领导者而又没有追随者的人，只是在散步。如果我们换个视角去理解德鲁克对于领导力的描述，卓有成效的领导力的确有很多影响因素，或者需要一些条件方可发挥，但是其中最根本的要素，其实是管理者本人。

我们在持续近30年中国本土领先企业研究的过程中发现，这些领先企业都有一位卓越的领导者，被我们称之为**"英雄领袖"，他们具有强大的使命感，对社会、民族有责任心，同时对行业有足够的认识，推动行业进步。**领导者既能够发展自己，也能够发展别人。**他们能够把使命、愿景和人紧密关联起来，把经济发展和人紧密关联起来，**也因为此，这些领导人可以让组织成员跟随着他们，使得他们的企业成为领先企业。华为公司在1998年发布的《华为基本法》中就明确提出了"我们强调人力资本不断增值的目标优先于财务资本增值的目标"，坚持把各级干部队伍建设放在优先的战略地位。2018年，华为公司销售收入达到7212亿元，净利润593亿元，研发费用投入1015亿元，使得华为公司成为最受国际关注的中国卓越企业之一。华为的发展无疑佐证着，卓越的管理层和领导者起着绝对的作用。

正如我们在前面的分析中看到的那样，管理层对员工的影响是不言而喻的。今天，在信任度低、价值观多元、外部环境巨变的情况下，组织可否持续存活更加依赖于领导者的洞见、指引和定力。同时，还需要管理层有能力与组织外部成员合作，带领组织内部的员工、组织外部的利益相关者不断持续成长。这也是我们关注管理层卓有成效的协同领导力培养的原因。

卓有成效的协同管理者及其特征

研究最活跃的新兴理论发现，对领导者发展有重要影响之一的是，复杂的自适应/战略领导理论，即战略和行为侧重于调整和控制整体复杂的自适应系统，以应对突发动态，为创造性的问题解决、适应性和学习提供条件，并管理自适应结构和组织的创新接口。创新、网络和复杂性使我们能够看到组织适应性的领导力，即通过利用网络动态和结构，使组织能够作为一个复杂的自适应系统运行。⊖

结合我们关注的系统整合效率的来源这个核心命题，无论是对组织内成员，还是组织外成员，管理层都需要起到"融合"的作用，协同每一个成员，并帮助他们达到系统整合的要求。为了达成这样的要求，需要管理者具备一些特征。

卓有成效协同管理者的几个特征

克里斯·阿吉里斯（Chris Argyris）在《个性与组织》⊖（*Personality and Organization*）一书中这样解释实施卓有成效领导力的基本技能，"为了实现最大程度的融合（比如，同时优化个体与组织的自我实现过程），要求管理行为以实际为导向，或者以实际为中心。高管必须首先对情景加以分析判断，然后决定在这种情景下怎样做才是卓有成效的管理行为。"

在组织协同效率的实际工作中，企业绩效的来源已经由企业内

⊖ 陈春花. 解码未来领导力［J］. 清华管理评论，2019（2）：18-26.
⊖ 阿吉里斯. 个性与组织［M］. 郭旭力，等译. 北京：中国人民大学出版社，2007.

部转移到了外部,单个企业已经无法适应巨变的时代;今天最大的机遇,就是如何从对未来世界的判断中找到企业发展空间,所以企业需要寻找组织之外面向未来的属性;从现实世界到未来世界的过渡,要求企业伸出触角,通过与外部世界的强链接,获得更高的系统效率,帮助实现过渡的方法就是管理者的协同行为。在我们看来,**卓有成效的协同管理者的基本特征是:行动导向、注重结果、愿意聆听、致力增长、懂得欣赏。**

行动导向

詹姆斯·库泽斯(James M.Kouzes)、巴里·波斯纳(Barry Z.Posner)在《领导力:如何在组织中成就卓越》(*The Leadership Challenge: How to Make Extraordinary Things Happen in Organizations*)中展示了他们进行的一项研究,该研究自1982年起已调研了几万个受访者。他们在调研中提问,"当你处于最佳领导者状态时,你做了什么?"受访对象包含各种不同类型的组织中的人,他们处于不同的阶层、不同的岗位。研究者综合他们对于所经历的故事和行为的描述,分析得出排第一位的是,领导者能够以身作则。[一]这个结论也印证了我们在日常工作中的感受,我们对于周围的人常常"听其言"且"观其行",对于领导者尤为如此。一旦员工发现领导者并不能做到言行一致,内心就会充满质疑,真正的信任来自于管理者的行动。

以倡导"以奋斗者为本"的华为为例,70多岁的任正非,每

[一] 詹姆斯 M 库泽斯, 巴里 Z 波斯纳. 领导力:如何在组织中成就卓越 [M]. 徐中, 周政. 王俊杰, 译. 北京:电子工业出版社, 2013.

卓有成效的协同管理者的五大特征

- 懂得欣赏
- 行动导向
- 注重结果
- 致力增长
- 愿意聆听

一次出现在公众视野，无论是在工作场合还是新闻媒体上，始终是一种积极乐观而又充满活力的形象，他身体力行践行着华为的奋斗者精神。自44岁创业开始，任正非就秉承"艰苦奋斗"的理念，即使到今天，他还保持一年200多天扑在客户和市场上。任正非一直都很低调，大部分上下班时间都会选择公交或是地铁，出差时自己拎包、赶车都是常态。在这样的领导的熏陶下，华为的管理层普遍以身作则，身先士卒，率先垂范。

任正非挂念在艰苦环境中工作的员工，常年飞到世界各地去探望。他在泰国与地区负责人的讲话以及在尼泊尔与员工座谈的讲话中提道，"我们承诺，只要我们还飞得动，就会到艰苦地区来看你们，到战乱、瘟疫……地区来陪你们。我们若贪生怕死，何来让你们去英勇奋斗。在阿富汗战乱时，我们去看望过员工。利比亚开战前两天，我们还在利比亚，当我们飞到伊拉克时，利比亚就开战了。伊拉克首富告诉我们：'我们今天必须将你们送走，明天伊拉克就封路开战了。我们不能用专机送你们，不安全，我们派保镖用车送。'结果前后一个大车队，十多名保镖，连续奔驰了一千多公里，把我们送上了最后一架飞机。一路上换车队，就如从深圳到西藏，经过广西换广西车队，经过贵州、云南换当地车队。"任正非用实际行动印证"我们若贪生怕死，何来你们艰苦奋斗"，用《奋斗者计划》保障了奋斗者的利益，赢得了华为员工的信任。一代又一代华为人的艰苦奋斗，改变了世界行业格局。

正如任正非所展现出来的那样，管理者的行动是最好的说明。任何理念得以落实，其核心关键都是管理者的行动，所以我们认为管理者的第一个特征是行动导向。**管理者应充分认识到，一定要用**

行动去赢得信任，用行动去获取发展的可能性，因为管理者的行动，会有效地激励团队成员变得更加积极和富有行动力。

注重结果

稻盛和夫先生创立了京瓷、KDDI两个世界500强企业，他为京瓷公司制定的经营理念是："在追求全体员工物质和精神两方面幸福的同时，为人类社会的进步发展做出贡献。"2010年在日本航空公司即将倒闭之际，稻盛和夫临危受命，历经424天创造了日航历史最高利润纪录1884亿日元。短短一年的时间，日航在稻盛和夫先生的带领下，由亏损转为"三个第一"，即利润世界第一，准点率世界第一，服务水平世界第一。因为屡创佳绩，稻盛和夫与松下幸之助、盛田昭夫、本田宗一郎齐名，被称为日本四大"经营之圣"。稻盛和夫在接受政府的邀请出任日航董事长时，已是快80岁的高龄了。他去日航前提出了两个条件，第一是零薪水出任CEO，第二是不带团队去日航。他被访谈问到去日航出任CEO期间的第一件事时，他说，"与我们创建和经营京瓷公司、KDDI公司一样。我们觉得，只有把员工的幸福放在第一位，大家团结一心，经营者与员工的心灵产生共鸣，企业才能走出困境，才能获得健康发展。"稻盛和夫的管理实践证明，只有真正帮助到员工、顾客、合作伙伴的管理者，才会真正取得绩效。

协同管理涉及各个组成成员的利益，涉及各个组成成员自身的发展，更涉及可能出现的冲突与压力。因此，对于管理者而言，帮助每一个成员取得成效、达成目标是必须面对的挑战，并需要找到解决方案。要做到这一点，就需要管理者具有第二个特征：注重结果。

在系统的协同运行中，诚信是一个极为关键的品质。在这个问题上，是直接用结果去检验管理者的选择和内在价值取向的，尤其是涉及各组织成员的利益时，如何构建明确的价值观，并让价值观深入到每一个成员的商业模式设计、顾客价值感受以及市场行为选择中。

我们强调注重结果，就是要求管理者不能让价值观停留在理念层面，然后对各个组织成员说："相信我们，我们知道什么是最好的，什么是对的选择。"想要成功，必须确定目标，然后去持续努力，并实现目标，确保获得结果。

在系统的协同运行中，协同管理本身就需要不断地创新合作方式，创造性地构建成员彼此的合作关系，以获得高效率，这种合作的过程甚至是前所未有的，这些都对管理者提出新的要求和挑战，而确保这些创新取得成效，就需要用结果不断验证、纠错、迭代。在真实的场景中，创新才可以获得验证，只要我们愿意投入到实际活动中，围绕着为顾客创造价值展开经营，回归到寻求结果的过程中，我们会看到系统整合效率提升的到来。

埃米尼亚·伊贝拉（Herminia Ibarra）在《能力陷阱》(*Act Like a Leader, Think Like a Leader*) 中指出，关于"哪些工作能帮助你变成一名优秀的领导者"的一项调查中，排名第一位的竟然是"接触你日常职责范围之外的项目"。[一]在系统的协同运行中，理解或熟悉跨领域、跨行业的知识和技能，可以帮助管理者建立更好的协作关系网络。为什么要建立这样的关系网络？因为人的创造力会受

[一] 埃米尼亚·伊贝拉. 能力陷阱［M］. 北京：北京联合出版公司, 2019.

思维定式所限，如果管理者仅限于自己专业领域，只熟悉自己所在的行业，只接触和自己背景相似的人，那么其思维就固化在原有的领域里而有所限制。这一方面会导致管理者缺少创意和创新，另一方面会导致管理者无法和其他不同背景的人合作。如果管理者注重结果，一定会注重构建领域外的关系网络。

愿意聆听

很多人以为有用和权威性的发言，别人才会听。这种想法使得许多经理在发言时总是用很大的声音，让声音听起来掷地有声。渐渐地，他们开始依恋他们自己的声音，认为他们已经到达了预想的境界，于是他们任意地重复自己的话语，说他们偏爱的笑话，并且习惯性地打断下属的讲话，而让自己滔滔不绝。

事实上，对于管理人员而言，听的能力甚至比以前还重要。观察别人和从他们的语言中提取有价值信息的能力将有助于你说服他们接受你的意见，同时还可以建立信任；管理者还需要认识到，如果你能分辨出所听到的话的实质，而不仅仅从表面上理解其意义的话，也许会避免很多误会。

松下幸之助（Konosuke Matsushita）把自己的全部经营秘诀归结为一句话："首先细心倾听他人的意见。"美国著名的玫琳凯化妆品公司创始人玫琳·凯（Mary Kay）说："一位优秀的管理人员应该多听少讲，也许这就是上天赐给我们两只耳朵、一张嘴巴的缘故吧。"威廉·特雷西（William R.Tracey）曾在《关键技能》一书中建议人力资源经理花65%的时间倾听，25%的时间发言，余下10%的时间才用于阅读和写作。

倾听除了对个体重要之外，其过程对一位管理者来说有着更重要的影响。因为管理沟通的倾听部分对整个组织都有十分重要的意义。海伦·理查森（Helen Richardson）将倾听描述为通过倾听而沟通。她将倾听视为双向沟通的一部分，督促管理者开放地倾听，使之成为改善组织的方法。这种开放要求管理者具有风险意识——可能会听到他们不想听到的东西。去倾听与自己相关的一些新东西而产生的内心的不舒服在人际交往中是不可避免的。对管理者来说，没有倾听意味着重大沟通损失。对员工来说，管理者不听或者缺乏注意力，意味着缺少被听见或理解的士气。因此，为防止这样的损失，管理者必须去倾听。

这些有关给予管理者的"倾听"的建议，更体现在协同管理中。因为如果管理者懂得倾听，不仅仅可以理解到企业内部成员的需求和愿望，帮助内部成员理解管理者的意图和要求，还可以理解到企业外部成员的需求和愿望，帮助外部成员理解管理者的意图和建议。通过倾听，可以高效建立共识，并构建新型的交互关系。

史蒂文·约翰逊（Steven Johnson）在其著作《伟大创意的诞生》(*Where Good Ideas Come from*) 中指出，"机会总是眷顾有准备的人。"同时，具有创新头脑的历史学家史蒂文·约翰逊在研究了本杰明·富兰克林和查尔斯·达尔文为代表的伟大发明家的创造过程后也发现，每一个人背后都有一个多元的、相互联系的、动态的人际关系网络。"这并不是一群人的智慧，"他说，"而是一群人中某一个人的智慧。也并不是说，他的人际关系网络是强大的，而是说，由于他加入了这种人际关系网络，他才变得聪明起来。"[一]卓有

[一] Steven Johnson. Where Good Ideas Come From [M]. Riverhead Books, 2011.

成效的协同领导者总是能够从外部获得建议，从而帮助个人或是企业发展。这就需要协同领导者具有倾听别人的智慧并从外部获取力量的能力。

致力增长

可口可乐公司是一家令人敬佩的公司，它创立于1886年，在2018年世界500强中排名第328位。人们从各个角度来分析这家企业所取得的辉煌，其中最令人赞叹的，就是它从来不放弃增长。在可口可乐的发展历程中，有一个故事很典型。当它拥有的碳酸饮料市场份额超过65%时，很多经理人认为这样的份额很难再有更大的增长了。但是，总裁召集大家开会时问：如果计算一个人喝到胃内的液体，可口可乐的占比会是多少？结果是，可口可乐只占了2%。这次会议可以说是可口可乐增长型思维的一个缩影。

众所周知，可口可乐可谓是品牌和营销领域泰斗级的存在，常常被当作商学院的经典营销案例。然而2017年可口可乐却突然宣布撤销首席营销官职位，取而代之的是一个新角色——首席增长官。这个职务融合了营销、用户服务、商业领导战略，并直接向CEO汇报。2017年3月可口可乐在上海举办研讨会，讨论"加速中国"战略构想，60位高管参会，两天的会议只讨论一件事情，"我们怎样才能实现增长，甚至是突破常规的增长"。最终通过对会议提出的100多个增长想法的投票，选出四个项目投入额外的资源来实施。其实在刚进入中国市场的时候，可口可乐前总裁郭思达曾说过，"如果能使中国像澳大利亚一样，每人每年消费217瓶可口可乐，可口可乐在中国每年的消费量将达100亿标箱，相当于又有一个同等规模的可口可乐公司。"随后可口可乐在世界范围内扩张的过程中，对中国市场给予了更多努力和关注，现在已呈现雪碧、芬达、醒目果汁、茶饮料、矿物质水等多样化的产品系列，且还在继续增长。

致力于增长是管理者的第四个特质。因为管理者的增长型思维决定着组织的增长。很多时候我们发现，许多领导者在意的是企业的规模或是当期的利润，其实这两件事情并不是最重要的，**对企业而言，最重要的事情就是获得持续增长。**

在高度不确定性的商业环境中保持持续的增长，需要企业能够构建更加广泛的协同发展网络。有一家企业就是这样做的，这家企业就是小米。到 2018 年小米成立八年之际，其估值已从 2.5 亿美元上涨到近 400 亿美元。无论是从产品的出货量、品牌的知名度，还是从资本市场的青睐度来看，小米无疑是一家成功的互联网公司。然而小米并未满足于这一点，而是在更早的时候，开始布局可能的增长空间，在做手机的同时，以资本的能力跨界布局了智能家居领域，与合作伙伴打造了一个深入相关领域的价值网络，并借此创设了一个新的商业模型——米之家，米之家扩大了消费人群的认知边界。当企业扩大消费人群的认知边界时，整个市场的环境和空间是完全不一样的，这就是雷军的与众不同之处。

懂得欣赏

哲学家詹姆士（William James）说过，"人类本质中最殷切的要求是渴望被肯定。"而欣赏就是肯定一个人的重要表现之一。美国前国务卿希拉里分享了一个小时候的故事，她小时候在街上看见一个穿着邋遢的人便指着说:"这人衣服好脏。"这时候她的母亲对她说:"欣赏别人是一种能力,你看到他的衣服很脏,却没有看到他脸上的笑容是多么温暖。"⊖这件事给希拉里留下了很深的印象并影响了她的成长。

管理者换一种思路,用欣赏的眼光对待员工,由衷地赞美和肯定,同时在员工面对挫折、失败、焦虑时给予支持和鼓励,才能真正帮助员工不断自我超越和成长。优秀的管理者特别懂得运用赞美之道,及时发现值得赞美的行为,并用激励的方式表达自己对于该行为的欣赏。我们一方面用语言赞美,来表达欣赏之情;另一方面用行动来表达赞赏。比如员工取得绩效时,企业应给予相应的激励,安排适当的学习机会、好的工作环境,以及提供晋升的机会等,这些都是肯定和欣赏的表达方式。当用实际行动给予肯定并进行承诺时,赞赏所直接带来的绩效是非常明显的。

真正有效的管理者,要让年轻人有机会成长,当管理者用欣赏和信任的方式,让员工去做事情时,结果往往出乎意料的好。尤其是面对需要协同众多利益相关者的任务时,管理者对于员工的授权和信任,会真正激发员工的潜能。管理者要付诸实际行动,给予员工"定心丸",让他们没有后顾之忧,放手去做。这样的好处是,员工会被激发出自我实现的动机,并在不断磨砺中自我成长。当这种欣赏释放的员工能量贡献于协同目标时,管理者的绩效也会被同步确认。

欣赏不仅仅是针对内部员工的,同样的作用也在企业外部成员

⊖ 管理好一个团队,必须先消灭负能量的经理![EB/OL].[2017-10-22]. http://www.sohu.com/a/196053604_673361.

中发挥，只要企业愿意给予合作伙伴欣赏，就会形成一种良性的价值网络并获得回馈。作为法国最大的广告与传播集团，阳狮集团具有非常强的链接能力，会链接诸如谷歌、雅虎等媒体运营商来提升自身数字广告的专长，而获得这样成效的真实原因，是阳狮集团非常欣赏合作伙伴的专长和技术贡献，并寻求双方共赢。2018年该集团与阿里巴巴、优酷合作，借助于阿里云的技术能力，创建全新的云上营销平台，共同布局实现内容营销的数字化。阳狮集团以品牌营销引领者的姿态，提升广告营销的效益和效率，通过帮助顾客进行数字化转型，为品牌广告生态带来新的价值。其前CEO科鲁兹将自己的工作描述为："我们一直觉得我们的工作是尝试各种新颖的方法将利益与人才建立起联系……我们是让其他20个媒介总监都说'是的，我们为他工作'的那个人。**并且我们知道他们都认为在自己的专业领域内，他们都比我们强，或许他们是对的，而我们的工作是要把他们都聚集在一起。**我们没有得到那份工作，因为我们知道一些他们所不知道的事，而正是这些事成了我们的**必杀技**。"正是因为阳狮集团真心欣赏合作伙伴的专业能力与技术水准，才让他们获得了巨大的支持，从而开发出全新的成长空间。

在了解了卓有成效协同管理者的五个特质的基础上，我们来看看如何展开管理者的培养。

卓有成效的协同管理行为培养

在阿富汗地区的荒野上，一名美国游客乘坐的汽车发生故障无法启动。没人能搞清楚到底怎么回事，连厂商的外派人员检查之后也都束手无策。正当这位游客打算把车扔下回去之际，有人想起有个老铁匠或许帮得上忙。老人家年轻时曾从事过发动机的修理工作，住在 50 英里⊖外的偏远山区。

绝望之际，游客派人去请他过来。三天之后，老人家骑着骡子出现了。他查看了一下汽车，并让人拿了把锤子过来，而后在发动机的某处轻轻敲了两下，接着说道："发动试试吧。"发动机的声音果真缓缓响起，恍若刚刚离开试车台一样。

"我们该给你多少钱呢？"心怀感激的游客问道。

"100 美元。"

"什么，就用锤子敲那两下，就值 100 美元？"

"好吧，具体账目是这样的，"老人说道，"用锤子敲那两下，价值 10 美分；而找出敲的地方，值 99 美元 90 美分。"⊜

以上是选自德鲁克《已经发生的未来》(Landmarks of Tomorrow: A Report on the New Post Modern World) 中的一则小故事，可以帮助我们了解管理专家的价值。企业所雇用的专家一般包含技术专家和管理专家两类，各行各业的技术专家非常重要，他们的作用是在其精通的各个领域内"敲两下"。而管理者的作用是"找出该敲的位置"，他们的作用是组织和整合，而这个价值"99 美元 90 美分"。德鲁克指出，以上就是导致管理专家日益成为社会秩序、规

⊖ 1 英里 = 1609.344 千米。
⊜ 彼得·德鲁克. 已经发生的未来 [M]. 北京：机械工业出版社，2016.

范和个人追求的新焦点的原因所在。所以管理人才的匮乏往往是欠发达国家的一个重大特征，导致欠发达的原因就是资源整合能力的不足。在万物互联时代，管理者被赋予了新的责任和使命。只有当组织将具有协同管理理念的管理者视为重要的资产和组织发展的承载者，企业才能够获得各种资源和要素的有效重组，才会拥有价值创造的能力。在理解协同管理者的特征基础上，我们得出集聚与培育卓有成效的协同管理者的三个基本条件。

第一，"灰度管理"

"灰度管理"是华为高层管理者必须掌握的管理技能，任正非认为，"开放、妥协、灰度是华为文化的精髓，也是一个领导者的风范。""如何去理解'开放、妥协、灰度'？不要认为这是一个简单的问题，黑和白永远都是固定的标准，什么时候深灰一点，什么时候浅灰一点？领袖就是掌握灰度。"我们理解任正非之所以要求华为的高管坚持灰度管理，是因为**灰度管理就是要协调各种矛盾，包容各种矛盾，并在各种矛盾中协调出创新和结果**。我们在参与华为 19 级以上的管理层培训时，针对灰度管理这个话题展开过深度的沟通，因为从白色过渡到黑色，其间有几百多种灰色，每一个过渡色都称之为灰度，所以华为认为高管面对的问题，会有几百种不同的情况出现，当你有能力解决这几百种不同情况下的问题，就叫灰度管理，其核心就是倡导包容和协调冲突。

美国工程院院长克莱顿·丹尼尔·牟德（Clayton Daniel Mote）认为，当今世界"拥有热情无疑是最重要的问题，其次是要有独立自主的创新环境,这就意味着必须容忍失败"。关于创新的容错率,谷歌创始人佩奇甚至还表扬了一位造成数百万美元损失的高管,"我们很高兴你犯了这个错误。因为我们希望公司能够行动迅速,做很多很多的事情,而不是谨小慎微,什么也不敢做。"这与华为"做出来是天才,做不出来是人才",对人才创新的容错有极为相似的一面。组织能不能开放,能不能吸引更多的成员进行自发的创新和创造,其中一个重要的考量就是组织文化上的包容度。因为这决定了组织能不能与更多的人协同,能不能与更多的组织成员在协同促发展的道路上越走越远。

第二,授权信任

德鲁克在《后资本主义社会》(*Post Capitalist Society*)中指出,"管弦乐队是明天组织的楷模,250名队员都是专家。仅靠大号是无法演奏的,要靠整个管弦乐队250名队员看着同样的乐谱来演奏。"在组织中只有当专业性被充分尊重的时候,每一位专业人士的潜能才被充分激发出来。所以,协同管理者信任和尊重每一位专家的专业性,必须在该专业领域放弃自身的领导地位,放弃他们在公司当中不可撼动的领导地位。这是管理者很难做到的,也是挑战最大的地方。

组织内外部的成员本身就是一种资源,而又往往是被管理者所忽视的对象。他们所具有的学识、经验和解决问题的方法,可以带给组织极大的帮助,甚至他们累积的顾客资源、供应商的关系、联结家庭和社会关系的网络都是帮助企业的关键要素,而组织成员本身所具有的影响力更是可以使其他成员快速成长的推动力。在很多情况下，只要我们找到合适的人，相信并授予他们一定的权力，一切问题就迎刃而解。如果管理者愿意承担最终的结果，先授权信任组织成员，其被授权成员所激发出来的价值创造往往超出预期。

美国著名管理学家麦格雷戈（Douglas McGregor）说："企业这一组织系统，是因鼓励人的行为才存在的。这一系统的输入、输出和由输入转化为输出的过程，都由人与人的关系和人的行为来决定。"组织成员所处的工作环境和自身具备的经验与知识，让他们处于一个距离解决问题更佳的位置。所以管理者要时刻秉持**"我们所能者，尽善尽美；我们所不能者，虚怀若谷"**，这样才能真正培养和激发组织成员的协同管理行为。组织成员在工作环境中不断学习新的技能和知识，也会进行不断的交流，当组织成员感受到最终决策有赖于他的判断时，往往能激发出更大的绩效创造。更需要关注到的是，被选定授权的组织成员，一旦开始从管理者的角度思考问题，协同各种资源解决问题时，其实他就已经是一个协同管理者了。

第三，激励激活

谷歌被誉为一家伟大的创新型公司，这也就意味着公司拥有很多创新型的人才，为了激发员工的创新积极性，谷歌为员工提供了一个让各种创意因素可以自由碰撞、自由生长的环境。谷歌独创了"20% 时间制"的工作方式，允许工程师用 20% 的时间自由研究自己喜欢的项目，现在被用户喜爱的谷歌新闻、谷歌地图的交通信息等都是 20% 时间的产物。"20% 时间制"最宝贵的地方不在于由此诞生的新产品或新技能，而在于它不仅鼓励了员工与工作上不常打交道的同事相互合作，而且激励员工锻炼新的技能，培养创新的思维，由此培养出更多精干的创意精英。谷歌坚持，"要创造世界上最令人感到幸福、最能激发生产力的工作场所"。

德鲁克曾指出，21世纪是知识经济时代，真正的知识工作者、知识员工有高度的自主性，所以知识型组织需要拥有两条轴线，一条是职能部门轴线，对人及其知识进行管理，另一条则是团队的轴线，对工作和任务进行管理，而这方面做得最好的就是华为。任正非在回顾自己30多年的管理实践时说："华为的财富只有两样——一是由管理架构、流程与IT支撑的管理体系，二是对人的管理和激励机制。华为相信，资金、技术、人才这些生产要素只有靠管理将其整合在一起，才能发挥出效应。"他更明确地告诉大家："二十多年来，我们最重要的工作就是选人用人、分钱分权。把人才用好了，把干部管好了，把钱和权分好了，很多管理问题就都解决了。"⊖

与一般企业主要依靠个人设计薪酬不同，华为一直倡导"胜则举杯相庆，败则拼死相救"，这种观念也贯彻到了薪酬体系之中，每一次的薪酬变革都坚持以团队为基础来展开项目，针对团队统一设计薪酬和激励方案，甚至包含销售人员的浮动收入的部分都和团队乃至公司整体的业绩相挂钩。在为《用好人，分好钱：华为知识型员工管理之道》作序时，我们认为分钱是一门学问，更考验老板的人格与胸怀。让多劳者、做出贡献者"发财"，这条准则从华为

⊖ 任正非：人才不是华为的核心竞争力，对人才进行管理的能力才是核心竞争力［EB/OL］.［2019-02-11］. http://www.sohu.com/a/294021779_99970508.

创立之初到如今，始终被贯彻得很彻底，在华为的发展过程中从未发生过因"分配不公"引起的组织内讧、大面积的消极情绪以致团队分裂的现象。与此同时，让多劳者、做出贡献者"升官"的晋升机制，在华为也一直被坚持得比较好。

华为对知识型员工的奉献给予了实实在在的薪酬上的认可，而良好的薪酬、股权等激励机制也是知识型企业激活强个体不断推陈出新的关键所在。此外，在进行海外薪酬设计时，华为在当地法律法规、风俗习惯的基础上进行充分的市场调研，实施兼具对内公平和对外有竞争力的薪酬标准。

无论是谷歌还是华为，对于知识型员工的激励与激活，都获得了真实的绩效，而且这些设计不仅仅是针对公司内部的员工，华为与合作伙伴共享价值成长的设计，也同样是华为获得强劲增长的根本原因。有了明确的激励安排，可以激活组织成员，协同公司的战略、团队的目标、企业的绩效去做自我管理，展示出人人都是协同管理者的良性运转状态，从而获得人力资本与战略的高效协同。

第四，技术平台

很多人不禁会问，当一个平台由几千个小微成员组成，且很多业务与海尔的传统业务不一致，组织管理是否也是一种困境呢？海尔做了一个绩效考核工具来解决这个问题，这个工具就是"二维点阵图"。该图的横轴是"企业价值"，衡量的是诸如销售收入、利润、平台交易额、市场占有率、市值等这些常见的企业绩效指标。

该图以 2/4/6/8 为节点有五个分区，每个分区表示所在行业的竞争力。纵轴是"网络价值"，也就是用户价值，是实现横轴竞争力的差异化路径和能力。张瑞敏在内部会议上无数次强调，海尔需要的是交互价值，这就产生了纵轴，聚焦持续成长。以海尔的小微代表之一雷神为例，雷神通过纵轴和横轴结合，找到了从用户价值到企业价值的突破路径，定位是第四阶段，实现以游戏本切入，硬件、软件、周边游戏相结合的游戏生态圈能力。○

海尔的二维点阵纵轴，参考了梅特卡夫定律中"网络价值"的概念，就是网络价值与网络规模的平方成正比。海尔的三个工具，"海尔战略损益表、二维点阵图、对赌承诺关系图"都设计好了，其实就可以实现无边界管理了。要成为平台就要拥有"千手观音"的"千只手"，这"千只手"其实就是内外部交易秩序的约定。经济学中"有形的手"和"无形的手"都是在调节这个部分，这种管理犹如千手观音的手一样"幻化于无形"。

雷神的二维点阵如图 9-1 所示。

正如海尔所采用的工具一样，数字技术与平台技术，为形成管理者的协同行为提供了有效的帮助，一方面让协同价值容易被量化或者被度量出来，另一方面让协同工作更容易实施。我们今天可以讨论协同效率本身，也是得益于数字技术和平台技术的发展。

○ 二维点阵：海尔人力资本价值计量工具［EB/OL］.［2018-01-15］. https://www.sohu.com/a/216852835_780681.

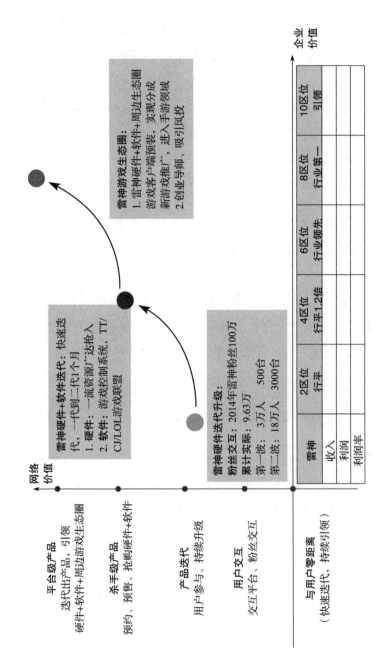

图 9-1 雷神的二维点阵

资料来源：二维点阵：海尔人力资本价值计量工具［EB/OL］.［2018-01-15］. https://www.sohu.com/a/216852835_780681.

| 结语 |

协同带来无限可能

人类走向迷途,往往不是由于无知,而是由于自以为是。

——卢梭(Jean-Jacques Rousseau)

德鲁克先生在《已经发生的未来》中首次定义并假设"后现代"的世界，社会正在经历重大的变化，大到我们已经跟过去的那个时代告别，开始迈进一个新时代。而在该书再版本的扉页，赫然有一段话映入眼帘，"《已经发生的未来》又一次证明了德鲁克的远见卓识，书中'早期诊断'的种种预言后来几乎都被一一证实：从19世纪的机械进步转向系统化、有目的、有组织的创新；知识转而成为新的主要资源；由各种组织构成的多元化社会的兴起；现代政府在有效行使职责方面将遇到危机；全球化经济和全球化社会的到来。而唯一一项未被完全证实的预言，恰恰是在本书出版以来，最受关注也被讨论得最多的一项：一种新的世界观，一种新的整体主义哲学即将迅速兴起！"⊖

新旧范式转换将迎来新时代

自16世纪近代科学诞生的400多年以来，近现代科学呈现了由笛卡尔（René Descartes）倡导的"还原论"主导的"科学图景"。人们由于该方法的指引获得改变自然的巨大力量，使得还原论成为默认的科学方法，甚至建构了一种从物理学、化学、生物等自然科学，到社会、经济、管理、心理等学科的统一知识体系。随着研究者对世界"是什么"的世界观层面的不断演进，科学哲学用来解读世界是"为什么"的方法论也在不断迭代。科学研究是伴随着物理学的建立和发展而不断演化的，爱因斯坦相对论的发现颠覆了牛顿的经典力学，普朗克量子力学引发的电子学革命将我们带入了计算机时代，继而引发了自然科学的认知变革。而基于"整

⊖ 彼得·德鲁克. 已经发生的未来［M］. 北京：机械工业出版社，2016.

体观"的系统论在管理学领域也掀起了基于"整体论"的革命,管理学研究正处于由"还原论"向"整体论"范式转换的历史转折点上。

这是一场学科领域内的科学革命,可以预计的是在管理研究领域谁率先识别和抓住了科学范式重大转变的契机,谁就有可能在未来管理研究发展中占据主导优势。犹如日本第二次世界大战之后的崛起引起管理学界的广泛关注一样,随着中国改革开放40多年取得了举世瞩目的成就,越来越多的管理学者开始将视线投向中国企业实践,也唤醒了人们对东方文明中整体观内涵的重新审视。中国企业的实践成就,已经为管理研究总结出创新的管理理论提供了沃土,让我们有机会去探讨理论创新与发展新的管理理论。

互联技术将数据、协同、智能等生产要素高效组合在一起时,整个商业系统被重构。无论是中国企业还是世界企业,都重新站在了同一条起跑线上。我们只需深深扎根于脚下这片挚爱的土地,矢志不渝地钻研和传播优秀企业管理实践的奥秘,也许就有机会与世界分享管理理论创新的价值。

本书为了对管理效率的新来源进行系统阐述,勾勒出一个在个体价值不断崛起的知识经济时代,用有别于西方科学主导的笛卡尔式的"还原论"范式的另一面——"整体论"的世界观来重新审视管理理论的底层逻辑。

以往的组织管理理论没有遇到如此巨变的外部环境来决定组织绩效的挑战,我们深究其背后的原因,发现在互联网技术导致的"万物互联"时代,取得绩效的关键已经由"分"转向"合",孜孜以求的管理实践者们,面对企业发展的机遇和挑战,无一不希望能从错综复杂的"管理理论丛林"中寻求解答,但是旧的理论范式无法回答他们的问题,所以这些领先的企业家们在实践层面展开自己的探索。面对实践界的新需求和新探索,理论研究需要加快步伐,否则就无法跟上时代的脚步,而从另一个视角去看,如果研究学者愿意做出努力,这也是管理理论创新的新时代的开启。

协同可能是解锁"未来世界"的一把钥匙

30多年来,我们一直在探索企业的管理问题。我们一直在试图解答,现在组织管理所面临的困境。我们先后出版了《激活个体:互联时代的组织管理新范式》《激活组织:从个体价值到集合智慧》《共生:未来企业组织进化的路径》三本有关"互联网时代与数字时代"背景下组织管理的研究成果,分别解读了如下三个问题:组织在强个体的情况下如何改变管理范式,打造组织平台,支持和激活个体创造力;组织如何将优秀的个体结合在优秀的平台上,充分提升和释放组织创造力;如何将相同甚至不同领域的组织,转化为荣辱与共的命运共同体,进行高效协同价值创造。

在这三个成果的基础上,我们接着回答第四个问题,那就是在互联网技术与数字技术时代背景下,组织如何获得系统整合效率?即用什么样的管理方式,可以让组织在巨变时代下高效协同,具备应对不确定性,以及可持续发展的能力?

卡尔·马克思的墓志铭中写道,"全世界的哲学家都在想方设法解释这个世界，但是问题在于改变世界。"今天的每一位管理者和管理研究学者，都感受到互联网技术与数字技术带来的变化，也都在试图解释这个变化，但是正如马克思所言，我们更需要推动改变的思考和研究。

一直以来，管理研究者都在持续关注组织关键成功因素的改变。如阿什肯纳斯等人在2016年就提出，20世纪有四个关键因素影响了组织的成功：规模、角色的清晰性、专业化、控制，但21世纪组织需要一套截然不同的新成功因素，包括速度、灵活性、整合、创新。金字塔式的结构匹配了过去的成功要素，但未必利于今天的组织。在我们团队的持续研究中，也同样看到相应的变化，我们在2016年提出了"互联网1.0与互联网2.0"的观察。从互联网时代的升级特征来看，2015年之前为互联网1.0时代，特征是"消费互联网"，创新价值是营销至上、流量为王、虚拟经济。2015年之后为"互联网2.0时代"，特征是"产业互联网"，创新价值是产品至上、服务为王、共生经济。而在以开放、合作、共享为特征的共享经济时代之下，我们坚持认为，不论是传统企业还是互联网企业，系统越封闭，越阻碍组织的成长。

因此，开放系统，拓展共生成长空间，是企业在今天背景下的必然选择。在这个选择的过程中，获得系统整合效率则成为核心关键。因为系统效率已成为企业在数字经济时代可持续发展的关键。

一个组织要在巨变时代更好地发展，离不开系统的力量，这种力量不断帮助企业获得更高效率和更低成本的运营绩效，从而为顾客创造更大的价值。传统企业就像是一棵松树,成长起来需要几十年甚至上百年的时间;而向互联网借势共生的企业,一夜春雨就长大了。小米最强的地方正在于此。小米一直在创造奇迹,不仅是中国奇迹,也是世界奇迹。小米奇迹归功于小米紧紧抓住了**企业运营的本质——组织效率**。

"企业是提高社会效率的组织,企业优秀不在于比别的企业盈利更多,而在于比别的企业效率更高。"这是小米联合创始人林海英对于效率的精辟解读。小米就是在多主体共生系统中,协同互利而获得高协同效率的案例,这证明了我们有关"协同范围越大,生命力越强"的观点。

改变从每一个人开始

古希腊的雅典,有一座3000多年历史的德尔菲神庙,那里专门供奉着太阳神阿波罗。在神庙的一根古柱上,刻着几个字——"人啊,认识你自己。"由此点亮了整个西方哲学探索人类自身的光辉灿烂的历史进程。而东方文明关于自知的探寻,也无不在诉说着人类对于认识和完善自身的强烈愿望。

当我们心怀敬畏地翻开人类文明的画卷,穿越6000多年光辉灿烂的文化历程时,才发现文明社会自文字发端开启,便在不断克服"丛林法则"和"弱肉强食法则"。所有现代文明无一不是建立在"人类克服个体自身的脆弱,呈现集体智慧"的逻辑之上。无论我们今天为自己赋予了多么重大的使命,其实人类在自然面前都是很脆弱的。当我们怀着批判之心去剖析自己,怀着敬畏之心去认知这个世界的时候，才会感受到人之于宇宙的渺小。当我们真正认知到自身的能力边界，又要用有限的能力去完成责任和使命的时候，我们才会感觉到协同的力量。

一旦我们带着对历史的敬畏，将协同融入每一个当下的行动，相信协同已然点亮未来……

| 致　谢 |

我们要感谢的人很多，如果没有他们，就没有获得这些思考的基础，更没有勇气去提出这些判断，自然也就没有这本书。

感谢中国人民大学商学院硕士研究生陈黎梅对于组织边界与信任话题的资料收集，中国人民大学商学院硕士研究生吴伟对于契约和价值观的资料收集，北京大学本科生陈瑀对于协同案例资料的收集及整理，感谢他们的细心与专业精神。

感谢北京致远互联软件股份有限公司吕文静博士，中国人民大学访问学者、忻州师范学院经济管理系讲师霍东霞，北京物资学院讲师李巧，北京大学国家发展研究院刘超博士，上海大学管理学院刘祯博士等参与本书修改讨论。感谢他们的耐心和胸怀，感谢他们毫无保留地贡献自己的思考和智慧。

我们还要感谢整个持续多年的研究团队。从最初梳理组织管理演变脉络开始，华南理工大学工商管理学院的曹洲涛博士、广州农商行的马明峰博士、南京大学商学院的陈鸿志博士、上海大学管理学院的刘祯博士、广东财经大学工商管理学院的宋一晓博士、广东工业大学管理学院的苏涛博士、华南理工大学工商管理学院博士生王甜同学、金蝶集团研究院的曾昊博士和钟皓博士都做出了积极的贡献，我们围绕着"组织管理创新研究"这条主线，展开持续不断的研究，才得以获得这些认识与观点。

我们要感谢企业界的朋友们，正是你们的实践，才让我们有机会探讨这些令人振奋的话题。致远互联创始人徐石先生、金蝶软件创始人徐少春先生、天合光能创始人高纪凡先生、温氏集团董事长温志芬先生、海尔集团首席执行官张瑞敏先生、华为的任正非先生，以及腾讯、阿里巴巴、新希望集团、滴滴出行、柔宇科技、欧普照明等管理团队，与每一位的交流，都让我们深受启发，也让我们更深刻地去理解新的组织发展模式。

我们要特别感谢机械工业出版社华章分社的张敬柱总经理、王磊副总经理，因为有你们的持续关注，才使得我们不断呈现成果。华蕾作为本书的策划编辑，所表现出来的专业精神和敬业态度让我们深受鼓舞。

最后感谢北京大学国家发展研究院、上海知到知识实验室，以及帮助和支持我们的同事与家人，尤为感谢你们所给予的爱、耐心与包容。

| 参考文献 |

[1] 谭力文. 中国管理学构建问题的再思考［J］. 管理学报，2011，8（11）：1596-1603.

[2] 陈春花，陈鸿志. 德鲁克管理经典著作的价值贡献［J］. 管理学报，2013，10（12）：1860-1867.

[3] 赵良勇，齐善鸿. 直面实践的管理研究与德鲁克之路［J］. 管理学报，2016，13（11）：1606-1613.

[4] 查尔斯·汉迪. 组织的概念［M］. 方海萍，等译. 北京：中国人民大学出版社，2006.

[5] 克劳斯·施瓦布. 第四次工业革命转型的力量［M］. 北京：中信出版社，2016.

[6] 陈春花，马志良，罗雪挥. 顺德40年：中国改革开放县域经济的样板［M］. 北京：机械工业出版社，2019.

[7] 陈春花，廖建文. 打造数字战略的认知框架［J］. 哈佛商业评论，2018（7）：119-123.

[8] 弗雷德里克·泰勒. 科学管理原理［M］. 马风才，译. 北京：机械工业出版社，2007.

[9] 陈春花. 泰勒与劳动生产效率：写在《科学管理原理》百年诞辰［J］. 管理世界，2011（7）：164-168.

[10] 亨利·法约尔. 工业管理与一般管理［M］. 迟力耕，张璇，译. 北京：机械工业出版社，2007.

[11] 玛丽·福列特. 福列特论管理［M］. 吴晓波，郭京京，詹也，译. 北京：机械工业出版社，2007.

[12] 陈春花，朱丽，徐石，刘古权. "协同管理"价值取向基础研究：基于协同管理软件企业单案例研究［J］. 管理世界（增刊），2017. 13-21.

[13] 陈春花，乐国林，曹洲涛. 中国领先企业管理思想研究［M］. 北京：

机械工业出版社，2014.

[14] Robehmed N. 为何大学毕业生成批涌向初创公司[EB/OL]. [2013-08-15]. 福布斯中文网. http://www.forbeschina.com/review/201308/0027707.shtml.

[15] Schmidt E, Rosenberg J. How Google Works [M]. New York: Grand Central Publishing, 2014.

[16] 陈春花. 组织变革与组织赋能[EB/OL]. [2016-6-2]. 中国人力资源网. http://www.sohu.com/a/79526018_301243.

[17] 陈春花. 共享时代的到来需要管理新范式[J]. 管理学报，2016（2）：157-164.

[18] 陈春花. 激活个体[M]. 北京：机械工业出版社，2016.

[19] 彼得·德鲁克. 管理：使命、责任、实务[M]. 王永贵，译. 北京：机械工业出版社，2009.

[20] 陈春花，赵海然. 共生：未来企业组织进化的路径[M]. 北京：中信出版社，2018.

[21] 陈春花. 激活组织[M]. 北京：机械工业出版社，2017.

[22] 库恩. 科学革命的结构[M]. 北京：北京大学出版社，2012.

[23] 1990-2019全球前十大市值公司变迁[EB/OL]. [2019-04-29]. 腾讯新闻网. https://xw.qq.com/cmsid/20190429A0JT6R00.

[24] 迈克尔·C杰克逊. 系统思考：适于管理者的创造性整体论[M]. 北京：中国人民大学出版社，2005.

[25] Capra. The Web of Life: A New Synthesis of Mind and Matter [M]. London: Harper Collins, 1996.

[26] 陈春花. 百年管理已从分工走向协同，必须了解的七大原理[EB/OL]. [2018-05-28]. 搜狐网. http://www.sohu.com/a/233220466_169235.

[27] 陈春花. 企业是个整体：管理整体论7大原理[J]. 哈佛商业评论，2008（5）：127-132.

[28] 尤瓦尔·赫拉利. 未来简史[M]. 林俊宏，译. 北京：中信出版社，2017.

[29] 孙永波. 商业模式创新与竞争优势[J]. 管理世界，2011（7）：182-183.

[30] Kathleen M Eisenhardt, Melissa E Graebner. Theory Building from

Cases: Opportunities and Challenges［J］. Academy of Management Journal, 2007, 50(1): 25-32.

［31］致远互联发展历程［EB/OL］.［2019-05-06］. 致远互联官网. http://www.seeyon.com/Info/company.html.

［32］Ansoff. Corporate Strategy［M］. McGraw-Hill, 1965.

［33］哈肯. 协同学［M］. 徐锡申，等译. 北京：原子能出版社，1984.

［34］苏乐天，杜栋. 协同管理研究综述与展望［J］. 科技管理研究，2015，35（24）：198-202.

［35］陈春花，朱丽，刘超，柳卸林，徐石，刘古权. 协同管理国内外文献比较研究：基于科学计量学的可视化知识图谱［J］. 科技进步与对策. 2018，35（21）：73-79.

［36］马克思. 资本论：第一卷［M］. 北京：人民出版社，1975.

［37］切斯特 I 巴纳德. 经理人员的职能［M］. 王永贵，译. 北京：机械工业出版社，2007.

［38］弗朗西斯·福山. 信任：社会美德与创造经济繁荣［M］. 桂林：广西师范大学出版社，2016.

［39］威廉·大内. Z 理论［M］. 朱雁斌，译. 北京：机械工业出版社，2013.

［40］凯文·凯利. 新经济，新规则［M］. 刘仲涛，康欣叶，侯煜，译. 北京：电子工业出版社，2014.

［41］唐·泰普斯科特，安东尼·D 威廉姆斯. 维基经济学：大规模协作如何改变一切［M］. 何帆，林季红，译. 北京：中国青年出版社，2012.

［42］评论：诺基亚不是被乔布斯击败的［EB/OL］.［2014-06-06］. 新浪科技. http://tech.sina.com.cn/t/2014-06-06/17289421945.shtml.

［43］华为 2018 年年报［R］. 华为官网. https://www.huawei.com/cn/press-events/annual-report/2018.

［44］陈春花. 我读管理经典［M］. 北京：机械工业出版社，2015.

［45］孙继滨. 卓有成效：管理者的职业习惯［M］. 北京：清华大学出版社，2015.

［46］拉姆·查兰. 求胜于未知［M］. 杨懿梅，译. 北京：机械工业出版社，2015.

［47］中外管理. 操盘人揭秘：海尔整合 GE 家电的理念、策略及如何落地？

[EB/OL]. [2019-06-05]. 新浪财经. https://cj.sina.com.cn/article/detail/1790671321/94369?cre=financepagepc&mod=f&loc=1&r=9&doct=0&rfunc=.

［48］陈春花：协同取代"分工"成管理效率之源. [EB/OL]. [2017-10-13]. 致远互联官网. http://www.seeyon.com/News/desc/id/2755.html.

［49］詹姆斯·卡斯. 有限与无限的游戏［M］. 马小悟，余倩，译. 北京：电子工业出版社，2013.

［50］凯文·凯利. 失控［M］. 张行舟，译. 北京：电子工业出版社，2018.

［51］陈春花. 企业边界管理［J］. 商界（中国商业评论），2007（2）：39-41.

［52］陈春花：谁是唯一有能力解雇企业所有人的人？[EB-OL]. [2016-10-17]. 搜狐网. http://www.sohu.com/a/116381167_465410.

［53］Colin Clark. The Conditions of Economic Progress［M］. MacMillan and Co Limited, 1940.

［54］杰奥夫雷·G 帕克，马歇尔·W 范·埃尔斯泰恩，桑基特·保罗·邱达利. 平台革命：改变世界的商业模式［M］. 志鹏，译. 北京：机械工业出版社，2017.

［55］张彦伟，贾理君. 海尔自杀式重生能否奏效［J］. 企业管理，2014（9）：50-53.

［56］海尔 COSMOPlat 取得多方面成果　成大规模定制解决方案平台[EB/OL]. [2019-03-02]. 人民网. http://homea.people.com.cn/n1/2019/0302/c41390-30953696.html.

［57］吴凤. 浅析中日信任文化：基于《信任：社会美德与创造经济繁荣》的阅读［J］. 青年与社会，2013（5）：163-164.

［58］马云. 马云卸任演讲：阿里巴巴的成功在于信任[EB/OL]. [2013-05-10]. 腾讯科技. http://tech.qq.com/a/20130510/000113.htm.

［59］埃森哲技术展望 2018［R］. https://www.accenture.com/cn-zh/company-accenture-techvision-2018.

［60］杨国桢. 明清土地契约文书研究［M］. 北京：人民出版社，1988.

［61］陈春花，马明峰. 高速成长企业的内部信任发展及其与控制的关系［J］. 科技管理研究，2005，25（10）：101-105.

［62］彼得·德鲁克. 卓有成效的管理者［M］. 许是祥，译. 北京：机械工业出版社，2009.

［63］苏涛，陈春花，崔小雨，陈鸿志.信任之下，其效何如：来自Meta分析的证据［J］.南开管理评论，2017（4）：179-192.

［64］鲍勇剑，袁文龙，董冬冬.区块链改造组织信任［J］.清华管理评论，2018（10）：50-63.

［65］界面新闻.专访汤道生：腾讯新事业群CSIG将不再使用"赛马机制"［EB/OL］.［2018-11-02］.腾讯科技.http://tech.qq.com/a/20181102/008845.html.

［66］京东人事与组织效率铁律十四条［EB/OL］.［2018-11-02］.搜狐科技.http://www.sohu.com/a/235819293_99922725.

［67］De Dreu C K. Oxytocin Modulates Cooperation within and Competition between Groups: An Integrative Review and Research Agenda［J］. Hormones and Behavior, 2012, 61(3): 419-428.

［68］萨提亚·纳德拉.刷新：重新发现商业与未来［M］.陈召强，杨洋，译.北京：中信出版社，2018.

［69］王骞.京东丨人力资源数字化转型的实践［EB/OL］.［2018-09-15］.搜狐科技.https://www.sohu.com/a/254077964_183808.

［70］Clayton P Alderfer. An Empirical Test of a New Theory of Human Needs［J］. Organizational Behavior and Human Performance, 1969, 4(2): 142-175.

［71］彼得·德鲁克.管理：使命、责任、实务（实务篇）［M］.王永贵，译.北京：机械工业出版社，2009.

［72］本多利范.零售的本质［M］.北京：中信出版社，2019.

［73］史蒂芬·伯恩哈特.吉姆·柯林斯：巨人何以倒下［EB/OL］.［2017-08-07］.中国青年报.http://chuangjia.cyol.com/content/2017-08/07/content_16367074.htm.

［74］任正非.任总在日本研究所业务汇报会上的讲话［EB/OL］.［2018-12-14］.搜狐科技.https://www.sohu.com/a/281891449_479829.

［75］IBM.智慧地球赢在中国［R］.2009.

［76］陈春花.超越竞争：微利时代的经营模式［M］.北京：机械工业出版社，2014.

［77］兰·费雪.完美的群体：如何掌控群体智慧的力量［M］.杭州：浙江人民出版社，2013.

[78] 陈春花,朱丽. 激活组织七要素:从个体价值到集合智慧[J]. 珞珈管理评论,2017,16(4):1-14.

[79] 陈春花. 中国企业管理重构要从竞争逻辑转向共生逻辑[EB/OL].[2018-08-08]. 人民网. http://finance.people.com.cn/n1/2018/0808/c1004-30217357.html.

[80] 陈春花:7-11带来的新零售启发:效率依赖于共生平台系统[EB/OL].[2018-01-15]. 人民网. http://www.sohu.com/a/216735806_330810.

[81] 2018年义乌市国民经济和社会发展统计公报[R]. 2018. http://www.yw.gov.cn/11330782002609848G/bmxxgk/12330782684524904C/04_1/201904/t20190419_3876846_2.html.

[82] 7-Eleven在全球17个国家和地区拥有超过7万家门店,是全球最赚钱的[EB/OL].[2018-08-28]. 搜狐科技. http://www.sohu.com/a/250423570_100036120.

[83] 谭劲松,何铮. 集群自组织的复杂网络仿真研究[J]. 管理科学学报,2009,12(4):1-14.

[84] 刘慈欣. 三体[M]. 重庆:重庆出版社,2010.

[85] 陈春花,宋一晓,朱丽. 不确定性环境下组织转型的4个关键环节:基于新希望六和股份有限公司的案例分析[J]. 管理学报,2018(1):1-10.

[86] 罗家德. 复杂:信息时代的链接、机会与布局[M]. 北京:中信出版社,2017.

[87] 托马斯·彼得斯. 寻求优势:美国最成功公司的经验[M]. 北京:中国财政经济出版社,1985.

[88] 妙法老和尚:一个懂佛的人应该这样理解《西游记》[EB/OL].[2011-12-02]. 学佛网. http://www.xuefo.net/nr/article10/100532.html.

[89] 赫伯特A西蒙. 管理行为[M]. 北京:机械工业出版社,2009.

[90] 吉姆·柯林斯. 基业长青[M]. 真如,译. 北京:中信出版社,2009.

[91] 陈春花. 企业文化塑造[M]. 北京:机械工业出版社,2016.

[92] 西蒙·多伦,萨尔瓦多·加西亚. 价值观管理:21世纪企业生存之道[M]. 李超平,译. 北京:中国人民大学出版社,2009.

[93] 克里斯·阿吉里斯. 个性与组织[M]. 郭旭力,等译. 北京:中国人民大学出版社,2007.

[94] 吉姆·柯林斯,莫滕·T汉森.选择成就卓越[M].陈召强,译.北京:中信出版社,2012.

[95] 弗雷德·菲德勒.让工作适合管理者[M].北京:中国科学出版社,1965.

[96] 彼得·圣吉.第五项修炼[M].张成林,译.北京:中信出版社,2009.

[97] 陈春花.从理念到行为习惯:企业文化管理[M].北京:机械工业出版社,2011.

[98] 陈春花,刘祯.阿里巴巴:用价值观领导"非正式经济事业"[J].管理学报,2013(1):22-29.

[99] 彼得·德鲁克.巨变时代的管理[M].北京:机械工业出版社,2019.

[100] 陈春花,曹洲涛,张春阳.管理沟通[M].广州:华南理工大学出版社,2007.

[101] 格伦·布鲁姆,艾伦·森特.有效的公共关系[M].明安香,译,北京:华夏出版社,2002.

[102] 沈石溪.斑羚飞渡[M].北京:北京联合出版公司,2015.

[103] 陈春花.解码未来领导力:codes模型及其内涵[J].清华管理评论,2019(2):18-26.

[104] 詹姆斯·M库泽斯,巴里·Z波斯纳.领导力:如何在组织中成就卓越[M].徐中,周政.王俊杰,译.北京:电子工业出版社,2013.

[105] 埃米尼亚·伊贝拉.能力陷阱[M].北京:北京联合出版公司,2019.

[106] Steven Johnson. Where Good Ideas Come from [M]. Riverhead Books, 2011.

[107] 管理好一个团队,必须先消灭负能量的经理![EB/OL].[2017-10-22].搜狐网. http://www.sohu.com/a/196053604_673361.

[108] 彼得·德鲁克.已经发生的未来[M].北京:机械工业出版社,2016.

[109] 任正非:人才不是华为的核心竞争力,对人才进行管理的能力才是核心竞争力[EB/OL].[2019-02-11].搜狐网. http://www.sohu.com/a/294021779_99970508.

[110] 二维点阵:海尔人力资本价值计量工具[EB/OL].[2018-01-15].搜狐网. https://www.sohu.com/a/216852835_780681.